Günter Schmidt · Vogelspinnen

Günter Schmidt

Vogelspinnen

Vorkommen, Lebensweise, Haltung
und Zucht, mit Bestimmungsschlüssel
für alle Gattungen

Dritte, völlig neu bearbeitete
und erweiterte Auflage

55 Farbfotos, ein Schwarzweißfoto
und 212 Zeichnungen

Blüchel & Philler Verlag · Minden

Bildnachweis

Umschlagfoto: *Avicularia spec.*
  (Foto: Dietmar Pinz)

A. R. Hoge: Foto 5

Lubo Kristek: Foto 41−43, 47, 50, 52, 54

Peter Mix: Foto 45, 53, 55

Museum für Völkerkunde, Berlin: Abb. 213

Kurt Nicolaisen und Werner Meng: Foto 1, 12, 13,
  16, 22, 25, 34, 36, 37

Dietmar Pinz: Foto 2−4, 6−8, 9−11, 14, 15, 17−21,
  24, 29, 30, 32, 33, 38, 51

Carsten Roloff: Foto 23, 26, 27

Dr. Günter Schmidt: Foto 28

Dieter Scholz: Foto 31, 35

Marc Tesmoingt: Foto 39, 40, 44, 46, 48, 49

Friedhelm Weick: Zeichnungen nach Bücherl:
  Abb. 34, 35, 41, 42, 65, 68, 70, 73, 75, 78, 80,
  97, 114, 118, 120−140, 151−153, 159−166,
  169−175, 181, 182, 186−191

nach Gerschman und Schiapelli: Abb. 23−26, 30,
  33, 39, 40, 43−45, 48−51, 53, 55, 58−60, 62−64,
  81−96, 98−110, 141−146, 148−150, 154,
  156−158, 167, 168, 176−178, 183, 184

nach Gertsch: Abb. 15−22

nach Kraus: Abb. 66, 67, 69, 71, 72, 74, 76, 77, 79,
  115−117, 119

nach Lucas: Abb. 179, 180

nach Raven: Abb. 1−7

nach Simon: Abb. 8−14, 27−32, 36−38, 46, 47, 52,
  54, 56, 57, 61, 113, 139, 147, 155, 185, 192−212

© 1989 Blüchel & Philler Verlag GmbH,
4950 Minden
Satz: Gebrüder Philler KG, Minden
Reproduktion und Druck: Gooss + Co., Goslar
Bindearbeiten: S. R. Büge, Celle
ISBN 3 7907 5001 8

Inhaltsverzeichnis

Vorwort

Vogelspinnen gehören wohl unbestritten zu den attraktivsten Terrarientieren. Sie sind die einzigen landbewohnenden Wirbellosen, die mit dem Menschen zu kommunizieren vermögen, und sie sind nicht nur wegen ihrer imponierenden Größe, sondern auch wegen des Nimbus, der sie umgibt, immer anziehend für breite Schichten der Bevölkerung. Seit einigen Jahren werden wir von einer Vogelspinnenwelle förmlich überrollt. Arten, die noch vor kurzem als ausgesprochen selten galten, werden immer häufiger im Zoohandel angeboten. Wir können nur hoffen, daß es nicht eines Tages auch hier zu einem Ausverkauf der Natur kommt. Schon haben einige Länder, wie z. B. Panama, Mexiko und Australien strenge Sammel- und Ausfuhrbestimmungen verhängen müssen. Aber ebenso − und das ist ein erfreuliches Zeichen − gibt es mehr und mehr Liebhaber, die insbesondere seltene Arten nachzüchten, so daß auf Wildfänge verzichtet werden kann, wenigstens bei einigen dieser Raritäten.

Nach dem Erscheinen meines Spinnenbuches (Lehrmeister-Bücherei Nr. 108) erhielt ich eine Menge Zuschriften. Die meisten betrafen Vogelspinnen. Viele Leser wollten wissen, wie die wissenschaftlichen Namen der von ihnen erworbenen Arten heißen, wie man die Tiere hält und wie man Vogelspinnen bestimmt. In der Tat herrscht in der volkstümlichen Namengebung durch Händler und Importeure ein unbeschreibliches Chaos. Was soll man beispielsweise mit Bezeichnungen wie „Schwarze Thai-" oder „Blaue Burma-Vogelspinne" anfangen? Das sind willkürliche Händlernamen, die vielleicht nicht einmal eine bestimmte Art, sondern deren verschiedene benennen.

Wird eine Art wirklich einmal unter einem wissenschaftlichen Namen angeboten, so darf man bei etlichen Spezies durchaus zweifeln, ob sie richtig bestimmt wurden; denn um die Bestimmungsliteratur ist es schlimm bestellt. Es gibt kein Werk, mit dem man alle Arten determinieren kann. Auch Sammelwerke, beispielsweise über die Vogelspinnen Afrikas, geschweige denn über die Vogelspinnenfauna eines der dortigen Länder, fehlen. Der Laie, ja selbst der ernsthafte Amateur, ist vor schier unlösbare Aufgaben gestellt, wollte er mit der vorhandenen Literatur „seine" Arten abklären. Wie wichtig eine solche Klärung ist, zeigt schon die Tatsache, daß es sowohl erd- als auch baumbewohnende Arten gibt, die eine völlig unterschiedliche Haltung und Pflege erfordern.

Nun wird sich manch einer vielleicht damit begnügen, daß er wenigstens weiß, zu welcher Gattung sein Tier gehört. In der Hinsicht sieht es indes schon besser aus. Es gibt einen mehrfach revidierten Bestimmungsschlüssel in lateinischer Sprache mit lateinischen Gattungsbeschreibungen im Standardwerk der systematischen Araneologie, der „Histoire naturelle des Araignées" von E. SIMON aus den Jahren 1892 bis 1903.

Leider ist dieses Werk nicht mehr im Handel, kann jedoch über Stadt- und Universitätsbibliotheken ausgeliehen werden. Erfahrungsgemäß darf man es in den wenigsten Fällen mit nach Hause nehmen, sondern muß es in der jeweiligen Bibliothek lesen oder sich von den entsprechenden Texten Kopien anfertigen. Aber damit nicht genug. Alles, was seit etwa 1903 an Vogelspinnenarten beschrieben wurde, muß man sich aus anderen Quellen beschaffen, z. B. aus dem „Katalog der Araneae" von ROEWER, der in den Jahren 1942 bis 1954 erschienen ist und aus dem man sich auch die Originalarbeiten über Spinnen, die bis dahin veröffentlicht wurden, herausziehen kann, um sie vielleicht ebenfalls über eine Bibliothek zu entleihen. Etliche der damals beschriebenen Arten wurden in der Zwischenzeit in andere Gattungen gestellt. Auch das ist dem Roewer-Katalog zu entnehmen.

Das neueste Werk, das als Fortsetzung dieses und des Katalogs von BONNET (s. Literaturverzeichnis) fungiert, ist der Katalog von BRIGNOLI, der in englischer Sprache bis zum Jahre 1981/82 alle Veröffentlichungen über Spinnen erfaßt und darüber hinaus angibt, ob bei bestimmten Gattungen seit den Werken von ROEWER und BONNET Veränderungen eingetreten sind. War dies der Fall, dann werden die betreffenden Arten mit ihrer Bibliographie aufgeführt. Die Beschaffung der erforderlichen Literatur dauert oft viele Monate, deshalb nimmt es nicht wunder, daß nur Spezialisten den aufgezeigten mühevollen Weg beschreiten, um bestimmte Spinnen zu determinieren. Neuerdings ist eine Determination vieler Arten durch das Buch „The Tarantula Classification and Iden-

tification Guide" von A. SMITH (1986, 1987) möglich, das allerdings keine Bestimmungsschlüssel enthält.

Nun sollte man denken, daß bei der zunehmenden Beliebtheit der Vogelspinnen wenigstens die volkstümliche Literatur die entstandene Marktlücke entdeckt hat. Doch nichts dergleichen. Selbst im fortschrittlichen Amerika, d. h. in den USA, wo vier Gattungen mit ca. 50 Arten leben, gibt es so gut wie nichts. Der bekannte Bestimmungsschlüssel „How to know the Spiders" von KASTON aus dem Jahre 1978 enthält lediglich Charakteristika der beiden Gattungen *Dugesiella* und *Aphonopelma,*" ohne daß deren Arten bestimmt werden können. Und seit der Veröffentlichung des Buches „Südamerikanische Vogelspinnen" von BÜCHERL im Jahre 1962 ist nichts Zusammenfassendes mehr in deutscher Sprache erschienen. Dabei muß man bedenken, daß Südamerika nur etwa ein Drittel aller Vogelspinnenarten aufweist.

Alle Vogelspinnen gehören zu einer einzigen Familie. Leider liest man immer wieder, auch in Deutschland gäbe es Vogelspinnen. Das stimmt nicht. Zwar gibt es hier einige Arten, die zur Unterordnung der Vogelspinnenartigen (Mygalomorphae) gerechnet werden. Es sind aber keine Vogelspinnen (Theraphosidae), sondern Tapezierspinnen (Atypidae).

Wer sich näher über die Unterordnung der Mygalomorphae informieren möchte, sei auf das Lehrmeister-Buch „Spinnen" hingewiesen. Im vorliegenden Buch werden wir uns ausschließlich mit den Vogelspinnen im engeren Sinne, den Theraphosidae, befassen.

Ich selbst hielt meine erste Vogelspinne im Jahre 1952. Sie wurde mit Bananen nach Hamburg eingeschleppt. Seither habe ich die unterschiedlichsten Arten aus verschiedenen Erdteilen in Pflege gehabt und hunderte von Vogelspinnen bestimmt. Als ich vom Albrecht Philler Verlag gebeten wurde, ein Vogelspinnenbuch zu schreiben, habe ich daher sofort und mit großer Freude meine Zusage gegeben.

Möge dieses erste deutschsprachige Buch, das über Vogelspinnen aus aller Welt berichtet, seinen Zweck erfüllen: dem ernsthaften Vogelspinnenhalter eine Orientierung ermöglichen, dem angehenden Liebhaber die Schönheit und Vielfalt dieser interessanten Tiere nahebringen und dem aufgeschlossenen Naturfreund zeigen, welche Faszination von diesen bis vor kurzem so wenig beachteten Geschöpfen ausgehen kann.

Allen englischsprechenden Vogelspinnenfreunden sei der Beitritt zu „The British Tarantula Fellowship International" empfohlen. Wenden Sie sich an Mr. Dave L. Phipps, Information Officer, Brindles Cave, c/o 65 Winterscroft RD, Hoddesdon, Herts. EN 11 8 RL. Dort erhalten Sie alle Informationen. Seit 1986 gibt es auch „The British Tar-

antula Society", 36 Phillimore place, Radlett, Herts WD7 8NL. Sie veröffentlicht alle zwei Monate eine Ausgabe ihres Journals. Im Organisieren von Clubs sind die Engländer nun einmal nicht zu schlagen. Außerdem existiert noch die „American Tarantula Society", 564 Boulevard, New Milford, N. J. 07646, die auch alle zwei Monate „The Tarantula Times" herausgibt. Mein eigener, sehr früher Versuch einer Vereinsgründung schlug leider fehl.

Abschließend sei allen herzlich gedankt, die mich mit hervorragenden Fotos von Vertretern aus sieben Unterfamilien der Vogelspinnen und mit wertvollen Hinweisen unterstützt haben. Es sind dies vor allem Frau Dr. S. Lucas, São Paulo (Brasilien) sowie die Herren S. Bloß, Nürnberg, L. Kristek, Kleinkitzighofen, W. Meng und K. Nicolaisen, Viby (Dänemark), D. Pinz, Münster/Wolbeck, Dr. R. Pulz, Kiel, C. Roloff, Wettingen (Schweiz), D. Scholz, Bonn, M. Tesmoingt, Lille, M. Ziegler, Berlin und nicht zuletzt auch meine Frau. Herr M. Bräuer vom Albrecht Philler Verlag betreute das Buch in bewährter Art.

Dietenheim, 1986   Dr. Günter Schmidt

Vorwort zur 3. Auflage

Als ich das vorliegende Buch abgeschlossen hatte, erschien – nur zwei Jahre nach dem Katalog von BRIGNOLI – das grundlegende Werk von RAVEN „The spider infraorder Mygalomorphae. . .". Die darin niedergelegten Erkenntnisse, die zu einer völlig neuen Sicht der Vogelspinnen im Hinblick auf die Systematik geführt haben, machten eine Neubearbeitung meines Buches erforderlich. Die Bestimmungsschlüssel wurden daher revidiert. Ich habe RAVEN aber nicht in allen Punkten folgen können. Das betrifft insbesondere die Position mancher bisher zu den Barychelidae gestellten Arten, sowie die der Gattungen *Psalmopoeus*, *Heteroscodra* und *Stromatopelma*. Um die Bestimmung noch sicherer zu machen, wurde eine Liste der Vogelspinnen, geordnet nach Herkunftsländern, erstellt. Darüber hinaus kamen einige Zeichnungen, vor allem von weiblichen Genitalien, hinzu. Der Teil „Haltung und Zucht" wurde erweitert, wobei mir nicht nur die eigene Erfahrung, sondern auch Informationen aus einer umfangreichen Korrespondenz mit Vogelspinnenliebhabern aus aller Welt zugute kamen. Wertvolle Hinweise erhielt ich von Herrn R. West aus Victoria (Kanada).

Inzwischen existiert auch in der Bundesrepublik ein Verein: „Die Vogelspinnenfreunde". Nähere Auskünfte erteilt Herr Steven Krasa, Kurze Straße 6, 7080 Aalen.

Lüneburg, 1989   Dr. Günter Schmidt

10

Allgemeiner Teil

Die Stellung der Vogelspinnen im Tierreich

Die Tiere, mit denen wir uns im folgenden befassen wollen, gehören zu einer von 98 Spinnenfamilien. So viele Familien verzeichnet der neueste Spinnenkatalog von BRIGNOLI aus dem Jahre 1983. Aber darüber, ob es vielleicht 96 oder nur 90 oder gar 100 sind, wollen wir nicht streiten. Jeder Fachmann hat da so seine eigenen Vorstellungen, ob die Existenz dieser oder jener Familie berechtigt ist oder ob man eine „Mammutfamilie" besser in mehrere Familien unterteilen sollte. Jedenfalls sind die Vogelspinnen eine ganz ansehnliche, mittelgroße Spinnenfamilie. Die Trichternetzspinnen (Agelenidae), zu denen unsere Hausspinnen zählen, umfassen etwa 1000 Arten, die Springspinnen etwa 4000 Spezies, die Radnetzspinnen, zu denen die Kreuzspinne gehört, etwa 2500 Arten und die Krabbenspinnen etwa 2800 Arten.

Mit etwa 800 Arten sind die Vogelspinnen die größte Familie der Unterordnung Mygalomorphae (Vogelspinnenartige). Die zweitgrößte Familie dieser Unterordnung sind mit ungefähr 700 Arten die Falltürspinnen (Ctenizidae), denen man im Mittelmeergebiet begegnen kann. Wir wollen hier nicht sämtliche 15 Familien dieser Unterordnung der Spinnen Revue passieren lassen, aber der Familie der Doppelschwanzspinnen (Dipluridae) mit ihren ca. 200 Arten soll immerhin gedacht werden (s. Lehrmeister-Buch 108), denn es handelt sich um die besten Netzbauer der ganzen Unterordnung. Alle bauen Trichternetze, ähnlich denen der Hausspin-

nen. Und die kleine Familie der Tapezierspinnen (Atypidae), die nur etwa 26 Arten umfaßt, soll erwähnt werden, weil drei ihrer Vertreter, die alle Schlauchnetze herstellen, auch in Deutschland leben.

Eine gewisse äußere Ähnlichkeit mit Falltürspinnen, aber auch einige anatomische Details hat eine weitere Unterordnung der Spinnen mit den Mygalomorphae gemeinsam, die Liphistiomorphae (Gliederspinnen). Diese artenarme Gruppe (17 Spezies) hat die gleiche Anordnung der Cheliceren wie die Mygalomorphae. Sie wird daher auch von einigen Autoren mit diesen zusammen zu den Orthognatha (Spinnen mit nach vorn gerichtetem Basalglied der Cheliceren bzw. senkrecht stehenden Giftklauen) gerechnet. Alle bauen Falltüren. Aber das findet man ja in allen drei Unterordnungen der Spinnen, z. B. bei der Gattung Geolycosa, die zu den Wolfspinnen (Lycosidae) gehört und damit zur dritten Unterordnung der Spinnen, den Araneomorphae („Echte" Spinnen).

Nach dieser kurzen Charakterisierung der Position der Vogelspinnen innerhalb der Ordnung der Spinnen (Araneida) müssen wir noch einen kleinen Ausflug in die zoologische Systematik unternehmen. Denn die Spinnen sind ja nur eine von elf Ordnungen der Spinnentiere (Arachnida). Über die restlichen zehn unterrichtet das Lehrmeister-Buch 109 „Skorpione und andere Spinnentiere". Dazu gehören u. a. Skorpione, Weberknechte, Milben und Pseudoskorpione. Sie alle bilden gemeinsam die Klasse der Spinnentiere und zusammen mit den Klassen der Pfeilschwänze (Merostomata) und Asselspinnen (Pantopoda) den Unterstamm der Spinnentierartigen (Chelicerata). Dieser bildet mit drei weiteren Unterstämmen den riesigen Stamm der Gliederfüßer (Arthropoda), der fast 80 % aller Tiere umfaßt. Andere Stämme sind z. B. Wirbeltiere (Vertebrata), Weichtiere (Mollusca) und Stachelhäuter (Echinodermata).

Um das Ganze etwas zu verdeutlichen, wollen wir die Gemeine Vogelspinne *(Avicularia avicularia)* nunmehr ins zoologische System einordnen:

Stamm:	Gliederfüßer (Arthropoda)
Unterstamm:	Spinnentierartige (Chelicerata)
Klasse:	Spinnentiere (Arachnida)
Ordnung:	Spinnen (Araneida)
Unterordnung:	Vogelspinnenartige (Mygalomorphae)
Familie:	Vogelspinnen (Theraphosidae)
Unterfamilie:	Echte Vogelspinnen (Aviculariinae)
Gattung:	Vogelspinne *(Avicularia)*
Art:	Gemeine Vogelspinne *(Avicularia avicularia)*

Diese Art ist die einzige, die einen allgemein anerkannten deutschen Namen hat.

Vogelspinnen sind eine recht alte Tiergruppe. Im Karbon (Steinkohlenzeit, vor 350 − 285 Millionen Jahren) gehörten sie mit zu den häufigsten Spinnen. Im Tertiär (vor 67 − 2 Millionen Jahren) lebten sie auch bei uns in Deutschland.

Die Entstehung des Namens

Nun werden Sie wahrscheinlich neugierig sein zu erfahren, wie der Name „Vogelspinne" entstanden ist. Indirekt durch eine Künstlerin, Sybille Merian, die 1699 Surinam bereist hatte und 1705 auf ihrem berühmten farbigen Stich eine Riesenspinne, über einem getöteten Vogel hockend, vorbildlich dargestellt hatte. Das war dann für LINNÉ, den Vater der Systematik, Anlaß, dieses Tier als *Aranea avicularia* in die Wissenschaft einzuführen. *Avicularia* kommt von dem lateinischen Wort „Avis", welches „Vogel" bedeutet. Von dem berühmten französischen Zoologen LAMARCK wurde erkannt, daß die Vogelspinne nicht zu den Spinnen der Gattung *Aranea*, die heute *Araneus* genannt wird und nur Radnetzspinnen enthält, gehört. Er machte daher den Artnamen *avicularia* zum Gattungsnamen. Damit hatte die Art ihren noch heute gültigen Gattungs- und Artnamen.

Die deutsche Bezeichnung „Vogelspinnen" für die ganze Familie ist daher absolut korrekt, und man sollte nicht auf den Gedanken kommen, den amerikanischen Unsinn mitzumachen und die Vogelspinnen als Taranteln zu bezeichnen (oder in englischer Sprache Tarantulas, ausgesprochen: Täräntjules). Diesen Namen verdanken sie italienischen Einwanderern, die in ihnen Verwandte ihrer heimischen großen Wolfspinnen sahen, zu denen die von ihnen gefürchtete, aber völlig harmlose, sogenannte Apulische Tarantel gehört. Offenbar verdanken wir ihnen auch den Irrtum, daß die Vogelspinnen für den Menschen gefährlich seien, ein Irrglauben, der wohl unausrottbar ist. Schließlich waren es ja auch die Italiener, die dafür gesorgt haben, daß sich in der gesamten westlichen Welt die Furcht vor den „giftigen" Taranteln ausbreitete.

In England werden die Vogelspinnen jetzt wohl auch allgemein Tarantulas genannt, in Frankreich hielt sich die irrtümliche Namengebung „Mygales", die WALCKENAER 1802 kreierte, in Südafrika spricht man von Pavianspinnen (Baboon spiders), sicherlich nicht nur wegen ihrer affenartigen Behaarung, sondern, was die baumbewohnenden Arten betrifft, auch wegen ihrer affenartigen Kletterkünste, zu denen sie durch dichteste Polster von irisierenden Hafthaaren an den Tarsen der Beine befähigt sind.

Die Brasilianer kennen sie unter der Bezeichnung Aranhas caranguejeiras, was zu deutsch krebsartige Spinnen bedeutet. Die spanische Sprache hält nach BÜCHERL gleich drei Namen für diese Tiere bereit: Aranas peludas (haarige Spinnen), Aranas de caballo (Pferdespinnen) und Aranas mata caballos (pferdetötende Spinnen). Der Begriff „haarige Spinnen" charakterisiert die ganze Gruppe gut, während „pferdetötende Spinnen" eine der vielen maßlosen Übertreibungen der phantasiereichen Südländer ist. BÜCHERL (1971) erwähnt noch weitere Volksnamen für Vogelspinnen: Araignées-crabes (Krabbenspinnen), Aranas pollitos (Hühn-

chenspinnen), Aranas revienta caballos (Spinnen, die Pferde zu Tode hetzen) und die Indianernamen Nandú-guassú, Nandú-cavallú, Ana-rymbá, über deren Bedeutung mir nichts bekannt ist.

Immerhin ist es für denjenigen, der mit der einheimischen Bevölkerung in Ländern, in denen Vogelspinnen vorkommen, in Kontakt kommt, wichtig, daß er weiß, wie die Tiere dort genannt werden. Natürlich sind solche Volksnamen ohne wissenschaftlichen Wert, denn unter Krabbenspinnen versteht man international die Familie Thomisidae, die mit Vogelspinnen aber auch gar nichts zu tun hat. Weiterhin darf man sich nicht wundern, wenn unter den volkstümlichen Bezeichnungen für Vogelspinnen nicht nur diese, sondern auch weitere Spinnen aus der Unterordnung Mygalomorphae, ja mitunter auch nur irgendwelche großen Spinnen generell, geführt werden.

Weit verbreitet ist beim Laien, aber auch in modernen „wissenschaftlichen", vor allem medizinischen Werken, die irrige Ansicht, es gäbe lediglich eine Art unter den Vogelspinnen. Womit das zusammenhängt, kann man nur vermuten. Wahrscheinlich liegt es daran, daß es nur einen volkstümlichen Namen für eine einzige Vogelspinnenart gibt, vielleicht auch daran, daß für den Nichtfachmann alle Vogelspinnen „gleich" aussehen. In der Tat sind die Unterschiede selbst zwischen einzelnen Vogelspinnengattungen und sogar -unterfamilien weitaus weniger augenfällig als bei den „Echten" Spinnen.

Dennoch: Es sind bis heute 82 Gattungen bekannt, die sich auf acht Unterfamilien verteilen.

13

Körperbau und Lebensweise

Vogelspinnen sind die Riesen unter den Spinnen. Einige Arten erreichen Körperlängen bis zu 11 cm (nach BÜCHERL 1971 sogar 12 cm). Mit ausgestreckten Beinen mißt z. B. *Grammostola mollicoma* bis zu 28 cm.

Auf den ersten Blick unterscheiden sich Vogelspinnen von „Echten" Spinnen durch die Anordnung der Chelizeren. Ihr Basalglied ist nämlich mehr oder weniger gerade, d. h. in Richtung der Körperlängsachse angeordnet. Die Chelizerenklauen schlagen fast vertikal zur Längsachse nach unten und etwas nach innen. Die Augen sind immer auf der Scheitelseite des Cephalothorax angeordnet, wo sie dichtgedrängt auf einem besonderen Augenhügel stehen. Die beiden vorderen Mittelaugen sind dunkel bis schwarz und als Tagaugen ausgebildet. Sie blicken meist nach oben. Alle übrigen Augen sind sogenannte Nachtaugen und damit hell und glänzend. Die vorderen Seitenaugen blicken nach vorn-seitlich, die hinteren Seitenaugen nach hinten-seitlich und die hinteren Mittelaugen nach hinten und oben. Nur die mexikanischen Höhlenspinnen der Gattung *Spelopelma* sind blind. Schließlich haben die Vogelspinnen beinartige Taster, die beim Gehen mitbenutzt werden. Charakteristisch ist für Vogelspinnen die dichte, lange und meist dunkle Behaarung, die bei den baumbewohnenden Arten vor allem auch auf den Beinen besonders deutlich ist.

Bestimmungsschlüssel für die Unterordnung Mygalomorphae

Bevor wir auf Einzelheiten zu sprechen kommen, soll der folgende **Bestimmungsschlüssel** eine sichere Einordnung der Familie Theraphosidae ermöglichen. Er basiert auf den Untersuchungen von SIMON, PETRUNKEVITCH, KASTON und RAVEN:

1. Tarsen der Beine stets mit Haarbüscheln unter den Krallen 2
 – Tarsen der Beine stets ohne Haarbüschel unter den Krallen 9
2. Vorderer Maxillarlobus deutlich und lang (Abb. 1) 3
 – Vorderer Maxillarlobus, falls vorhanden, kurz (Abb. 2) 4

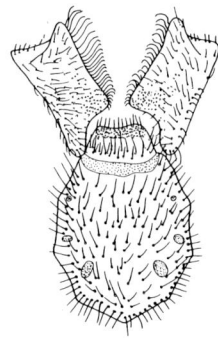

Abb. 1 Sternum, Labium und Maxillen von *Glabropelma gracilis* (Paratropididae)

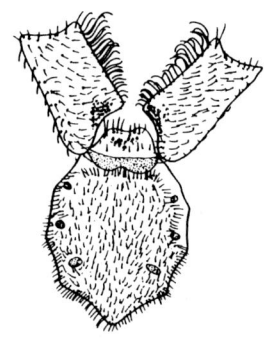

Abb. 2 Sternum, Labium und Maxillen von *Acanthognathus frankii* (Nemesiidae)

14

Dorsalansicht einer Vogelspinne (schematisch)

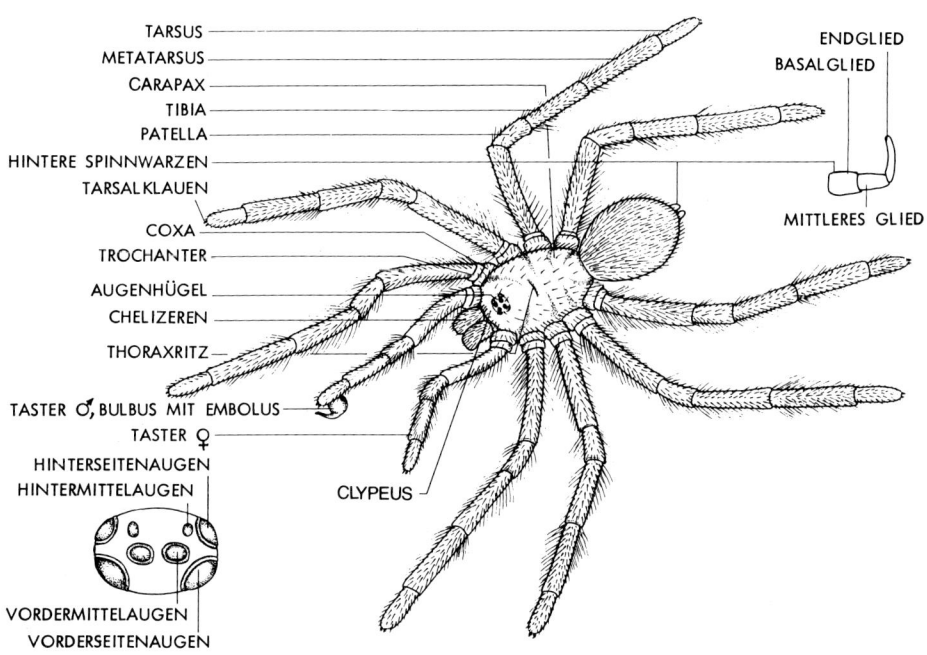

TARSUS
METATARSUS
CARAPAX
TIBIA
PATELLA
HINTERE SPINNWARZEN
TARSALKLAUEN
COXA
TROCHANTER
AUGENHÜGEL
CHELIZEREN
THORAXRITZ
TASTER ♂, BULBUS MIT EMBOLUS
TASTER ♀
HINTERSEITENAUGEN
HINTERMITTELAUGEN
CLYPEUS
VORDERMITTELAUGEN
VORDERSEITENAUGEN

ENDGLIED
BASALGLIED
MITTLERES GLIED

Ventralansicht (schematisch)

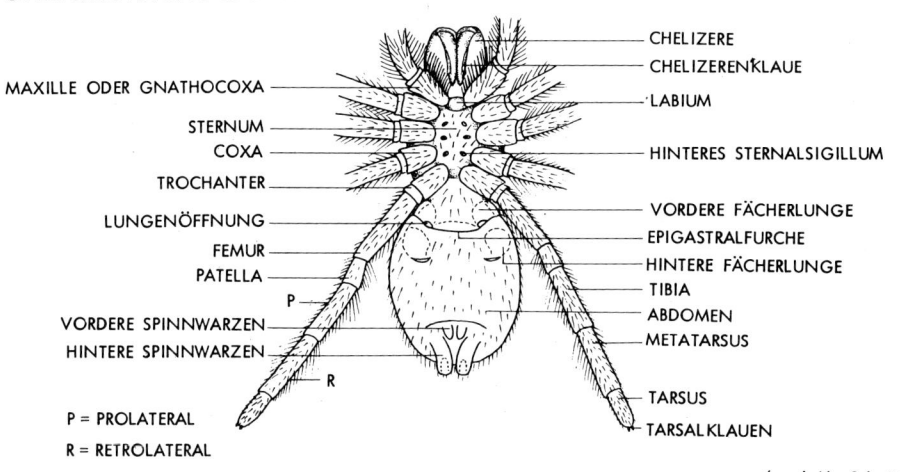

MAXILLE ODER GNATHOCOXA
STERNUM
COXA
TROCHANTER
LUNGENÖFFNUNG
FEMUR
PATELLA
P
VORDERE SPINNWARZEN
HINTERE SPINNWARZEN
R

CHELIZERE
CHELIZERENKLAUE
LABIUM
HINTERES STERNALSIGILLUM
VORDERE FÄCHERLUNGE
EPIGASTRALFURCHE
HINTERE FÄCHERLUNGE
TIBIA
ABDOMEN
METATARSUS
TARSUS
TARSALKLAUEN

P = PROLATERAL
R = RETROLATERAL

(nach M. Schmidt)

3. Skopula am 1.–3. Tarsus schwach oder fehlend, am 4. Tarsus nicht vorhanden, 2 Fußkrallen mit je 1 langen Zahn oder 3–4 kurzen Zähnchen. Falls rudimentäre 3. Kralle am 1. oder 2. Tarsus vorhanden ist, fehlt sie stets am 3. und 4. Tarsus. 2 oder 4 Spinnwarzen. Sternum kurz, rundlich oder herzförmig, breiter als lang. Hintere Sigillen oval und sehr klein. Körper mit keulenförmigen Haaren. Kutikula der Beine schuppenförmig oder wie die Körperkutikula mit Erdkruste, Spinnen bauen Trichtergewebe . . . **Paratropididae** (teilweise)

– Skopula an allen Tarsen deutlich. Kutikula der Beine mehr oder weniger glatt. 4 Spinnwarzen. Hintere Spinnwarzen relativ lang, aus 3 fast gleichlangen Gliedern bestehend, meist aber viel kürzer als das Abdomen. Endglied der hinteren Spinnwarzen deutlich länger oder wenigstens so lang wie das vorletzte Glied. Chelizeren immer ohne Rechen (Ausnahme: Euphrictus, der dort prolateral kurze kegelförmige Dornen aufweist). Tarsen mit 2 Krallen (Ausnahme: Heterothele, Phlogiellus und einige Selenocosmia, die an den Hinterbeinen eine kleine 3. Kralle aufweisen).
 . . . **Theraphosidae** (Vogelspinnen)

4. Hauptkrallen der Beine bei Männchen oder Weibchen ohne Zähne oder mit 1 Zahnreihe 5

– Hauptkrallen der Beine bei Männchen oder Weibchen mit 2 Zahnreihen . . 6

5. Clypeus breit, hintere mittlere Spinnwarzen fehlend
 . . . . **Nemesiidae** (teilweise)

– Clypeus fehlend und/oder hintere mittlere Spinnwarzen vorhanden. Kletterfalltürspinnen (Harpactirella baut sehr dünne, fast sackartige Wohnröhren ohne Deckel im Gestrüpp)
 . . . . . . **Barychelidae** (teilweise)

6. 3. Tarsalklaue am 4. Beinpaar vorhanden . . . **Cyrtaucheniidae** (teilweise)

– 3. Tarsalklaue an allen Beinen fehlend
 7

7. Skopula an den ersten beiden Beinpaaren gut entwickelt, 2 oder 4 Spinnwarzen . . . . . **Barychelidae** (teilweise)

– Skopula, falls überhaupt vorhanden, an den Tarsen und Metatarsen der ersten beiden Beinpaare dünn 8

8. Labium mit vielen kleinen Dornen oder Augen fast quadratisch über den Kopfteil des Cephalothorax verteilt (Sasoninae) Clypeus vorhanden oder fehlend
 . . . . **Barychelidae** (teilweise)

– Labium ohne kleine Dornen und Augen fast rechteckig angeordnet
 . . . . **Nemesiidae** (teilweise)

9. Lungenöffnungen klein, rund, 3 Tarsalklauen. 2 Reihen von dorsal abgehenden Zähnen an den paarigen Tarsalklauen. 3 Paar Spinnwarzen und nur 2 Augen (Micromygale) oder 1 bzw. 2 Paar Spinnwarzen und 8 Augen. Kleine Spinnen (Männchen nur bis zu 3 mm lang)
 . . . . **Microstigmatidae**

– Lungenöffnungen normal, schlitzförmig 10

10. Trichobothrien auf den meisten Tarsen fehlend 11

– Trichobothrien auf allen Tarsen . . 12

11. Vorderer Maxillarlobus verlängert. Hintere mittlere Spinnwarzen apikal abgestutzt. 3 Paar Spinnwarzen. 3 Tarsalklau-

Foto 1 *Crypsidromus zebratus*
(Costa Rica)

Foto 2 *Rhechosticta seemanni*
(Costa Rica bis
Kalifornien)

Foto 3 *Rhechosticta chalcodes*
(USA bis Mexiko)

Foto 4 *Euathlus albopilosus*
(Costa Rica bis
Guatemala)

Foto 5 *Grammostola mollicoma* (Brasilien) bei der Häutung

Foto 6 *Lasiodora spec.* (Brasilien)

Foto 7 *Euathlus smithi* (Mexiko)

Foto 8 *Xenesthis monstrosus* (Kolumbien)

en. 6 oder 8 Sternalsigillen. Skutum vorn vor dem Abdomen, Labium mit Sternum verschmolzen, nicht abgesetzt. Schlauchnetzbauer. Analhügel von Spinnwarzen weit entfernt
. . . . . **Atypidae** (Tapezierspinnen)

– Vorderer Maxillarlobus kurz. Hintere mittlere Spinnwarzen apikal gerundet, normal. Kopfregion höher als Thoraxregion. Abdomen mit 1–4 sklerosierten Rückenplatten. 2 oder 3 Paar Spinnwarzen. Chelizerenvorderseite mit Rechen. Analhügel von Spinnwarzen weit entfernt. Naht zwischen Labium und Sternum eng.
. . . **Antrodiaetidae** (Falltürspinnen)

12. Augengruppe auf turmartig erhöhtem Hügel. Skopula an den Beinen völlig fehlend. Vergl. auch 3
. . . . . **Paratropididae** (teilweise)

– Augenhügel niedrig, bogenartig oder fehlend oder Skopula an Beinen vorhanden 13

13. Labium viel länger als breit. Augen wenigstens über die Hälfte der Breite des Kopfteils verteilt. Naht zwischen Labium und Sternum undeutlich oder durch 2 kleine Sigillen angedeutet. Chelizeren mit Rechen. 4 Spinnwarzen. 3 Tarsalklauen. Paarige Krallen nur mit 1 langen Zahn oder 1 Zahnreihe. Maxillen kurz, fast quadratisch. Bauen Röhren mit Falltüren . . . . **Actinopodidae**

– Labium breiter und/oder Augen über weniger als die Hälfte der Breite des Kopfteils verteilt 14

14. Endglied der hinteren seitlichen Spinnwarzen kurz, kuppelförmig oder dreieckig (Abb. 3) 15

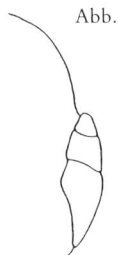
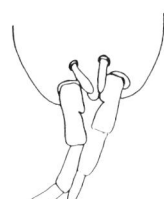

Abb. 3 Ende des Abdomens und seitliche Spinnwarzen von der Seite (Cteniza sp.)

Abb. 4 Ende des Abdomens und Spinnwarzen von unten bei *Acanthogonathus subcalpeiana* (Nemesiidae)

Abb. 5 Tasterbulbus von *Scalidognathus radialis* (Idiopidae)

– Endglied der hinteren seitlichen Spinnwarzen fingerartig oder länger (Abb. 4) 31

15. Chelizerenklauen mit 2 Längskielen. Rechen nicht vorhanden. Augenfeld quer, kaum in Form eines Hügels. Augen über 1/2–2/3 oder mehr der Breite des Kopfteils verteilt. Kauladen der Maxillipalpen verkümmert. 4 Spinnwarzen. Haken an der unteren Ecke der Chelizerenklauen. 3 Tarsalklauen. Falltürbauer, stellen z. T. Trichtergewebe her
. . . . **Migidae**

– Chelizerenklauen glatt. Rechen vorhanden oder fehlend 16

16. Männchen 17

– Weibchen 23

17. Mittlere Hämatodocha reicht abwärts bis zum Embolus und ist manchmal ba-

sal durch ein schmales sklerotisiertes Band geteilt (Abb. 5)
. . . . **Idiopidae** (teilweise)
− Mittlere Hämatodocha klein, normal gestaltet 18
18. Chelizerenfurche mit 2 Reihen von Zähnen 19
− Chelizerenfurche mit 1 Reihe von Zähnen 20
19. Kopfteil des Cephalothorax kurz und hochgewölbt (Abb. 6) . . . .
Ctenizidae (Falltürspinnen) (teilweise)
− Kopfteil des Cephalothorax lang und gewölbt, aber niedriger (Abb. 7)
. . . . . **Cyrtaucheniidae** (teilweise)
20. Hauptkrallen der Beine mit 2 Zahnreihen 21
− Hauptkrallen der Beine nur mit 1 Zahnreihe oder einem einzelnen Zahn . 22
21. Kopfteil des Cephalothorax gewölbt. Thoraxritz breit und stark prokurv
. . . . . **Cyrtaucheniidae** (teilweise)
− Kopfteil des Cephalothorax niedrig. Thoraxritz kurz, schwach prokurv, gerade oder rekurv . . . .
Nemesiidae (Falltürspinnen) (teilweise)
22. Metatarsus I mit deutlichem Fortsatz oder Rechen auf Chelizerenapophyse
. . . . . **Cyrtaucheniidae** (teilweise)
− Metatarsus I ohne Fortsatz und Rechen aus langen Dornen nicht auf Chelizerenapophyse . . . .
Nemesiidae (Falltürspinnen) (teilweise)
23. Vordere Seitenaugen weit nach vorn gerückt, dadurch Augenfeld länger als breit . . . . . . **Idiopidae** (teilweise)
− Augenfeld nicht länger als breit . . 24
24. Skopula auf Tarsus I vorhanden . . 25
− Skopula auf Tarsus I fehlend . . . 29

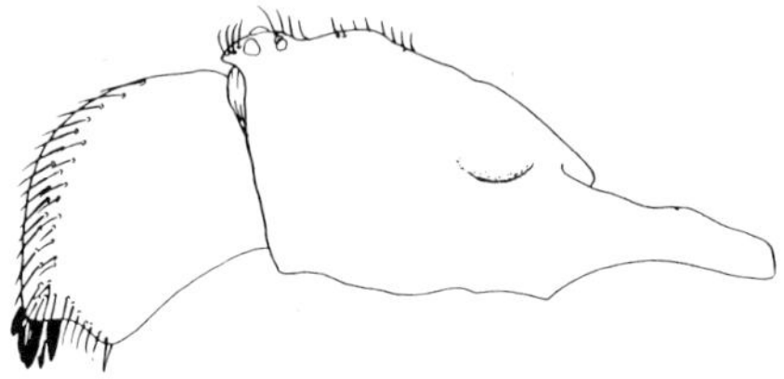

Abb. 6 *Cteniza sp.*(Ctenizidae), Cephalothorax von der Seite

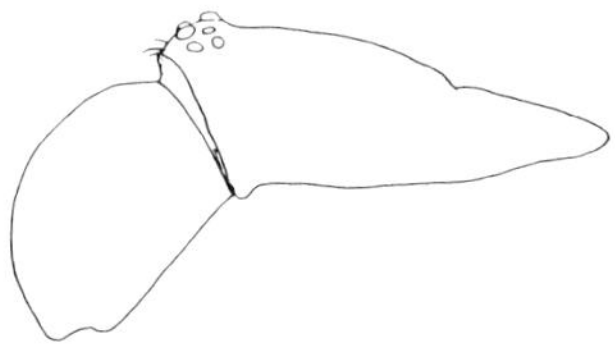

Abb. 7 *Fufius atramentarius (Cyrtaucheniidae), Cephalothorax von der Seite*

25. Jede der beiden Hauptkrallen mit Zähnen an beiden Seiten 21
− Jede der beiden Hauptklauen nur mit Zähnen auf dem mittleren Kiel . . 26
26. Thoraxritz gerade oder rekurv . . 27
− Thoraxritz stark prokurv 28
27. Metatarsus III und IV mit Putzkämmen
. . . . . **Cyrtaucheniidae** (teilweise)
− Putzkämme fehlend
. . . . **Idiopidae** (teilweise)
28. Kleine Dornen erstrecken sich über die ganze Länge der Maxillen
. . . . . **Cyrtaucheniidae** (teilweise)
− Kleine Dornen erstrecken sich nur bis zur halben Maxillenlänge
. . . . **Idiopidae** (teilweise)
29. Tarsus I ohne Stacheln
. . . . . **Cyrtaucheniidae** (teilweise)
− Tarsus I mit Stacheln 30
30. Thoraxritz stark prokurv
. **Ctenizidae** (Falltürspinnen) (teilweise)

– Thoraxritz gerade oder rekurv
. . . . **Idiopidae** (teilweise)

31. Jede der beiden Hauptkrallen nur mit Zähnen auf dem mittleren Kiel . . 32

– Jede der beiden Hauptkrallen mit Zähnen an beiden Seiten 36

32. Thoraxritz länglich 33

– Thoraxritz quer oder fehlend . . . 34

33. Letztes Glied der hinteren seitlichen Spinnwarzen zweigeteilt oder mit mehr „falschen" Segmenten. Chelizeren ohne Rechen. Kopfregion nicht höher als Thoraxregion. Labium viel breiter als lang. 4 oder 6 Spinnwarzen. Letztes Glied der großen hinteren Spinnwarzen so lang wie 1. und 2. Glied zusammen. Abdomen mit 1 oder 2 sklerosierten Rückenplatten. Deckennetzbauer
. . . . **Mecicobothriidae**

– Letztes Glied der hinteren seitlichen Spinnwarzen ungeteilt . . . .
Dipluridae (Trichternetz-„Vogelspinnen") (teilweise)

34. 6 Spinnwarzen . . . .
. . . . . . **Hexathelidae** (teilweise) (Trichternetzbauer)

– 2 oder 4 Spinnwarzen 35

35. Labium mit vielen kleinen Dornen
. . . . **Hexathelidae** (teilweise)

– Labium ohne oder mit sehr wenig kleinen Dornen . . **Dipluridae** (teilweise)

36. Hintere seitliche Spinnwarzen länger als das Abdomen . **Dipluridae** (teilweise)

– Hintere seitliche Spinnwarzen kürzer
. . . . 37

37. Labium und Maxillen fast quadratisch. Chelizerenklauen kurz
. . . . . **Cyrtaucheniidae** (teilweise)

– Labium breit, Maxillen rechteckig, Chelizerenklauen lang 21

Erläuterung zur Benutzung des Bestimmungsschlüssels: Man stellt zunächst fest, ob das betreffende Merkmal, das gefragt wurde, vorhanden ist oder nicht und geht dann zu der jeweils am Ende der Zeile stehenden Zahl weiter. Beispiel: Hat das vogelspinnenartige Tier, das bestimmt werden soll, Haarbüschel unter den Fußkrallen, dann geht es weiter unter Ziffer 2. Hat es keine, beantwortet man die unter Ziffer 9 gestellte Frage. Wir gehen in unserem Beispiel davon aus, daß unsere Spinne Haarbüschel unter den Krallen hat und müssen nun erklären, ob der vordere Maxillarlobus deutlich und lang oder nicht vorhanden bzw. kurz ist. Im ersten Fall suchen wir unter Ziffer 3, im letzteren unter Ziffer 4 weiter. Nehmen wir an, er ist lang, so haben wir unter Ziffer 3 einen ganzen Fragenkomplex zu beantworten. Zunächst geht es darum, ob eine deutliche Skopula an den Tarsen aller 4 Paar Beine vorhanden ist oder nur an den ersten 3 Paar Beinen. Haben wir festgestellt, daß sie an allen 4 Paar Beinen zu sehen ist, dann suchen wir die weiteren, unter Ziffer 3 genannten Kennzeichen. Trifft alles zu, dann handelt es sich um eine Vogelspinne.

Der Cephalothorax und seine Gliedmaßen

Wie bei allen Spinnen, sind Cephalothorax und Abdomen durch den Petiolus miteinander verbunden. Der Cephalothorax trägt die meist acht Augen und die Chelizeren, deren Klauen von oben nach unten schlagen. In den Chelizeren liegen die Giftdrüsen. Jede Chelizere kann unabhängig von der anderen bewegt werden. Zwischen dem Frontalrand des Cephalothorax und den Vorderaugen befindet sich der Clypeus. Das nächste Paar Gliedmaßen sind die Maxillipalpen. Sie bestehen aus sechs Gliedern: Coxa, Trochanter, Femur, Patella, Tibia und Tarsus. Die Coxen liegen zu beiden Seiten des Labiums (Unterlippe) und dienen als Kauladen. Sie enthalten eine Serrula (Raspel). Auch die Unterlippe weist in ihrem vorderen Teil Zähnchenhöcker auf. Zusammen mit den Zähnchen an den Chelizeren dienen diese Strukturen dem Festhalten und Zerkauen der Beute. Haarsäume an den Chelizeren und Maxillen (den Coxen der Maxillipalpen = Gnathocoxen) werden zum Reinigen der Mundwerkzeuge und Beine benutzt. An den Coxen der Taster und des 1. und 3. Beinpaares münden Coxaldrüsen. Beim Putzen, aber auch in Streßsituationen und bei zu hoher Außentemperatur sondern die mundnahen Gnathocoxaldrüsen eine proteinreiche Flüssigkeit ab, die zur Wärmeregulation dient, indem das Tier sie bei Putzbewegungen auf Beine, Spinnwarzen und die Flanken des Abdomens verteilt. Das bewirkt Verdunstungskälte. Ist die Spinne genügend abgekühlt, so saugt sie die abgesonderte Flüssigkeit, die nicht verbraucht wurde, wieder auf.

Der Wasserverlust kann bei Temperaturen über 33° C recht erheblich sein. Normalerweise bleiben Vogelspinnen bei zunehmender Temperatur in ihren Schlupfwinkeln bzw. ziehen sich in die tieferen Partien ihrer Wohnröhren zurück.

Beim Männchen wird bei der Reifehäutung am sich dann verkürzenden Maxillipalpen- oder Tastertarsus das Kopulationsorgan gebildet, das zur Bestimmung der Gattung und eventuell der Art untersucht werden muß. Es besteht aus dem dicken Bulbus, der vorn in den Embolus ausläuft. Dieser wird bei der Kopulation in die weibliche Geschlechtsöffnung eingeführt. Der Bulbus ist in allen Richtungen frei beweglich und ruht, nach innen eingeschlagen, in einer Vertiefung des apikalen Teils des Tarsus, der bei reifen Männchen als Cymbium bezeichnet wird. Der Feinbau des Kopulationsorgans ist außerordentlich kompliziert. Vor der Begattung muß das Männchen ein Spermagewebe herstellen, darauf sein Sperma aus der Genitalöffnung absetzen und dieses mit den Emboli der Taster in den Bulbus befördern, wo es monatelang gespeichert werden kann, ohne geschädigt zu werden.

Nach diesen zwei Paar Mundwerkzeugen folgen vier Paar Laufbeine. Die Vogelspinnen haben also, wie alle anderen Spinnen und die meisten Spinnentiere, acht Beine. Das unterscheidet sie von den sechsbeinigen Insekten. Die Beine haben ein Glied mehr als die Taster, den Metatarsus, der zwischen Tibia und Tarsus gelegen ist. Die Tarsen (und oft auch die Metatarsen der Beine) sowie wenigstens die Tarsen der Taster der Weibchen und unreifen Männchen weisen unterseits dichte Haarpolster auf, die Scopulae genannt werden. Diese sind bei einigen Gruppen in der Mitte durch längere, in einer Reihe stehende Haare oder Borsten längsgeteilt. Auch unter den beiden Krallen sind dichte Haarbüschel, die diese bisweilen völlig verdecken. Bei keiner anderen Spinnenfamilie sind diese Haarpolster so stark ausgebildet. Sie dienen den Tieren dazu, selbst an glatten Glasscheiben bzw. den Glasdeckeln von Terrarien ohne Schwierigkeiten entlangzuspazieren. In der Natur ermöglichen sie den Spinnen das Klettern an glatten Baumstämmen oder Felsen. Die Krallen der Vogelspinnenbeine können, wie die der Katzen, eingezogen und ausgestreckt werden. Die unter den Krallen befindlichen Haarbüschel, die immer paarweise vorhanden sind, werden als *Fasciculi subungueales* bezeichnet.

Die Beine der Vogelspinnen weisen etwa zwölf verschiedene Haararten auf, die wir hier im einzelnen nicht erwähnen wollen. Es handelt sich meist um Sinnesorgane wie Tasthaare, Trichobothrien (= Organe, die auf Luftströmungen und Luftschwingungen ansprechen), Haare, die als chemotaktische Organe ausgebildet sind, und Stacheln, die bei der Balz und Kopulation rhythmisch durch die Hydraulik der Hämolymphe aufgerichtet werden können und auch bei der Verteidigung eine Rolle spielen. Möglicherweise kann die Spinne damit auch den Blutdruck (Druck der Hämolymphe) registrieren. Bei den Stacheln unterscheidet man zwischen echten Stacheln, Dornen, Borsten und Dornborsten.

Generell betrachtet sind also die Beine und Taster Träger einiger der wichtigsten Sinnesorgane. Darüber hinaus enthalten die Beine das Tarsalorgan, einen Chemo- und wohl auch Feuchtigkeitsrezeptor, mit dem die Spinne auch Geschlechtspheromone wahrnimmt. So ist es ihr möglich, reife von unreifen Tieren der gleichen Art zu unterscheiden. Die wichtigsten Chemorezeptoren aber sind die Geschmackshaare am Ende der Palpen und Beine, vor allem der Vorderbeine. Sie weisen eine offene Haarspitze auf. Damit gelingt es den Männchen, z. B. lediglich durch Betasten der Sicherheitsfäden oder bei Netzspinnen der Netzfäden festzustellen, ob sie von einem reifen Weibchen stammen. Denn nur die Fäden reifer Weibchen enthalten die spezifischen Sexpheromone, die bei reifen Männchen das Balzverhalten auslösen können. Sie „schmecken" die Pheromone des anderen Geschlechts.

Daß Spinnen auch im Mundbereich gut funktionierende Geschmacksorgane haben, steht außer Zweifel. Denn sie lassen Beutetiere, die ihnen nicht schmecken, z. B. manche Zecken, Wanzen oder auch Wespenarten, sofort fallen, nachdem sie hineingebissen haben.

Bei Radnetzspinnen der Gattung *Argiope* konnte beobachtet werden, daß die Berührung gleichgroßer Beute mit einem Vorderbein in Bruchteilen einer Sekunde darüber entscheidet, welches „Programm" der Beutebewältigung zur Anwendung kommt: Wespen z. B. werden zuerst eingesponnen und dann gebissen, gleichgroße Schwebfliegen zuerst gebissen und dann eingesponnen. Es handelt sich um ein angeborenes Verhalten, bei dem die chemotaktischen Sinneshaare an den Beinspitzen eine wichtige Rolle spielen müssen. Ob ein vergleichbares Verhalten auch bei Vogelspinnen vorkommt, ist nicht bekannt.

Bei manchen Gattungen findet man am 1., bisweilen auch am 2. Beinpaar (Iridopelma) der reifen Männchen eine oder zwei Tibia-Apophysen, die bei der Kopulation in Funktion treten. Die Beine der Männchen sind in Relation zur Körpergröße meist länger als die der Weibchen.

Stridulation und „Bombardieren"

Nun möchte ich nicht versäumen, eine Besonderheit vieler Arten zu erwähnen, nämlich ihre Fähigkeit, Stridulationsgeräusche von beträchtlicher Lautstärke zu erzeugen, vor allem, wenn man die Tiere beunruhigt. Sie nehmen dann eine Verteidigungsstellung ein. Entweder wird dabei der Vorderkörper aufgerichtet, und die Hinterbeine vollführen wiegende Körperbewegungen, während die Vorderbeine erhoben und die Chelizeren weit geöffnet sind, oder die Tiere ducken sich und verstecken den Cephalothorax unter den darüber gefalteten Vorderbeinen, erheben den Hinterleib und streifen mit den Hinterbeinen durch schnelle Bewegungen Wolken feiner, mit Widerhaken versehener Reizhaare von der Rückseite des Abdomens. Dies gilt ausschließlich für neuweltliche Arten. COOKE et al. stellten an mehr als 40 Spezies fest, daß die Reizhaare am wirksamsten gegen Kleinsäuger sind, die die Spinnen in ihren Wohnröhren angreifen.

Ein solches Verhalten ist bezeichnend für die Gattungen *Lasiodora* und *Pamphobeteus*, die deshalb auch als Bombardierspinnen bezeichnet werden. Ein wirklicher Gegner braucht gar nicht vorhanden zu sein, um den Bombardiertrieb auszulösen. So erlebte ich, daß ein brasilianisches *Pamphobeteus*-Männchen seine sämtlichen Reizhaare während einer sechsstündigen Autofahrt abgestreift hatte. Es war durch die Erschütterungen beim Fahren beunruhigt worden.

Diese Haare können sich leicht in die Haut und Schleimhäute unseres Körpers einbohren und in Nase und Rachenraum gelangen. Tagelanger Juckreiz und Hautverletzungen sind dann bei empfindlichen Personen die Folge. Allergischen Spinnenfreunden sei daher von der Haltung solcher Bombardierspinnen abgeraten. In freier Wildbahn werden, wie BÜCHERL schreibt, durch dieses Bombardieren z. B. Mäuse aus ihren Löchern verjagt, die dann von den Vogelspinnen in Besitz genommen werden.

Die eigentlichen Musikinstrumente sitzen an den verschiedensten Körperstellen. Bei *Psalmopoeus* (= Psalmendichter), von dem mehrere Arten mit Bananen aus Ekuador und Kolumbien eingeschleppt wurden, findet sich eine aus 10 − 20 Stäbchen bestehende Lyra am Basalglied der Taster. Eine Art dieser Gattung hat an jedem Taster zwei solcher Instrumente. Bei anderen Gattungen bestehen die Stridulationsorgane aus kolben-, keulen- oder lanzenspitzenförmigen steifen Borsten auf Chelizeren, Coxen und/oder Trochanteren der Taster oder des 1. Beinpaares. Dabei liegen sich "Saiten" und „Streichzapfen", wie BÜCHERL die Organe treffend bezeichnet, so gegenüber, daß durch Bewegungen der betreffenden Gliedmaßen gegeneinander all die unterschiedlichen Geräusche hervorgebracht werden können. Das klingt dann entweder wie ein Zischen, ähnlich dem von Schlangen, oder wie ein Zirpen, vergleichbar dem von Grillen oder Grashüpfern. Nach LUCAS (briefliche Mitteilung) stridulieren verschiedene Arten einer Unterfamilie mit derselben Frequenz. Die Männchen stridulieren etwas kürzer als die Weibchen.

Mit einer zischenden Vogelspinne ist nicht zu spaßen. Der englische Spinnenforscher POCOCK aber muß von dieser „Musik" so hingerissen gewesen sein, daß er sie mit Psalmen verglich und den Spinnen im Jahre 1898 den schon erwähnten Namen *Psalmopoeus* gab.

Spaltsinnesorgane

Doch nicht nur Haare und haarähnliche Gebilde findet man bei den Vogelspinnen, vor allem an den Gliedmaßen, sondern auch eine Vielzahl von Spaltsinnesorganen, von denen die lyraförmigen Organe an Patella und Metatarsus die bekanntesten sind. Sie liegen fast immer in Nähe von Gelenken. Es handelt sich meist um sogenannte propriorezeptive Mechanorezeptoren, die dem Zentralnervensystem Informationen über die Gelenkstellung vermitteln, aber im Falle der metatarsalen Lyra-Organe auch um Rezeptoren für feinste Vibrationen. Spaltsinnesorgane an den Tarsen reagieren auch auf Schallwellen, mit besonderer Empfindlichkeit für den Frequenzbereich zwischen 300 und 700 Hertz. Spaltorgane auf dem Petiolus registrieren vielleicht die relativen Bewegungen von Vorder- und Hinterleib als Schwerkraftrezeptoren.

Die Vibrationen, die das Männchen bei der Werbung erzeugt, nimmt das Weibchen mit seinen Lyra-Organen wahr.

Labium und Sternum

Auf der Unterseite des Cephalothorax befindet sich zwischen den Maxillen das Labium und dahinter eine größere Chitinplatte, das nicht damit verwachsene Sternum. Es weist in der Nähe des Seitenrandes zwei oder vier haarlose Eindrücke auf, die als Sigillen bezeichnet werden und bei der Bestimmung mancher Arten wichtig sind.

Nahrungsaufnahme

Die Spinnen haben nur eine sehr enge Speiseröhre, durch die im wesentlichen die verflüssigten Nahrungsbestandteile in den Magen gesaugt werden. Ein Großteil der Verdauung spielt sich daher vor der Mundöffnung, also außerhalb des Spinnenkörpers ab. Zu diesem Zweck werden Verdauungsenzyme in die Beutetiere „erbrochen". Wenn alles Verdauliche von der Spinne aufgenommen wurde, bleibt das mehr oder weniger zerkaute Chitin bzw. Knochengerüst der Beutetiere übrig. Der Saugmagen hat ausgedehnte Blindsäcke, die sich bis in die Anfangsglieder der Beine und Taster erstrecken können.

Zentralnervensystem

Die Speiseröhre ist vom Schlundring des Zentralnervensystems umgeben, der oben aus dem Hirn oder Oberschlundganglion und unten aus einer zusammenhängenden Ganglienmasse, dem Unterschlundganglion, besteht. Es gibt keine Tiergruppe, bei der die Konzentration des Zentralnervensystems so weit fortgeschritten ist wie bei den Spinnen. Das ermöglicht ihnen auch so enorm schnelle Entscheidungen. Etwa 10 % des Cephalothoraxvolumens entfallen auf das Zentralnervensystem. Auch die Muskulatur der Giftdrüsen wird von motorischen Nervenfasern versorgt. Bei hochgradig erregten Tieren kann man Gifttropfen an den Chelizerenklauen austreten sehen.

Muskeln und Blutgefäße

Im Inneren des Cephalothorax liegt schließlich auch noch die Muskulatur für die Gliedmaßen, die bei den Vogelspinnen sehr fleischig ist und ausgezeichnet schmecken soll. Interessanterweise weisen die Beine am Femur-Patella- und Tibia-Metatarsusgelenk nur Beuge- und keine Streckmuskeln auf. Die Streckung erfolgt hydraulisch durch Kontraktion gewisser Muskeln, die eine Druckerhöhung im Cephalothorax bewirken. Dieser Blut- oder Hämolymphdruck beträgt in Ruhe 40 − 60 mm Hg, während des Laufens etwa 100 mm Hg und kann kurzfristig auf 480 mm Hg gesteigert werden. Die physiologische Spanne der Blutdruckwerte ist also weitaus größer als beim Menschen. Jedes Bein einer *Rhechosticta* enthält 31 Muskeln. Natürlich befindet sich im Cephalothorax auch die Muskulatur für den Schlund und den Saugmagen.

Das Blutgefäßsystem des Cephalothorax besteht aus mehreren Arterien. Es handelt sich um ein offenes System. Durch den Petiolus gehen Blutgefäße, Nerven, Verdauungstrakt und Ansätze verschiedener Muskeln.

Das Abdomen und seine Organe

Herz und Kreislauf

Der Hinterleib oder das Abdomen enthält das in einem Herzbeutel gelagerte Herz, welches das Blut durch eine vordere und hintere Hauptarterie sowie durch davon abgehende seitliche Gefäße an den Körper abgibt. Das meiste arterielle Blut gelangt zum Zentralnervensystem und zur Skelettmuskulatur. 20 % des Körpergewichts entfallen auf das Blut. Dieses enthält als Farbstoff nicht, wie beim Menschen, Hämoglobin, sondern das kupferhaltige Atmungspigment Haemocyanin. Die Konzentration dieses bläulichen Farbstoffs ist mit 1,4 % des Körpergewichts höher als die des Hämoglobins beim Menschen (1,2 %). Die Herzfrequenz kann durch das Nervensystem beeinflußt werden. Sie beträgt pro Minute bei großen Arten 30 − 40 Schläge, kann aber bei Erregung und schnellem Lauf bis auf 200 gesteigert werden. Allein die Berührung des Sexualpartners läßt das Herz des Männchens schneller schlagen.

Verdauungssystem

Unter dem Herzen liegt der Darm mit seinen stark verästelten Blindsäcken. Er wird in den Mitteldarm, der vom Saugmagen ausgeht und an seinem Ende die Kloake, eine taschenartige Erweiterung aufweist, sowie in den Enddarm, die dann folgende Verbindung mit dem After, eingeteilt. Die Kloake dient der Speicherung des Kots. In sie münden auch die paarigen Malpighischen Gefäße, die Hauptausscheidungsorgane der Spinnen. Sie bereiten den größten Teil des Kots auf, der im wesentlichen aus Guanin, Adenin, Hypoxanthin und Harnsäure besteht und daher meistens weiß gefärbt ist. Durch Einlagerungen kann er aber auch schwarze Partikel enthalten, ja bisweilen sogar mehr schwarz als weiß gefärbt erscheinen. An dieser Stelle sei noch nachgetragen, daß Vogelspinnen darüber hinaus über weitere Ausscheidungsorgane verfügen: Die schon genannten drei Paar Coxaldrüsen, sowie Nephrozyten, die als Speichernierenzellen unter dem Unterschlundganglion liegen und das Blut von Abfallprodukten reinigen, die dann als Kristalle gespeichert werden. Diese Zellen sind mit bis zu 80 μm die größten bei Spinnen.

Die stark verästelten Darmblindsäcke ermöglichen Vogelspinnen, Nährstoffe zu speichern, so daß sie im Notfall monatelang (über 1 Jahr!) ohne Nahrung leben können.

Geschlechtsorgane

Bei reifen Weibchen wird der größte Teil des Hinterleibs vom Ovar mit seinen Eiern ausgefüllt. Die paarigen Geschlechtsorgane münden unterseits nahe der Basis des Hinterleibs. Hier liegen die für die Unterscheidung der Weibchen der einzelnen Arten so wichtigen Samentaschen (*Receptacula seminis* oder Spermatheken), in denen das Sperma oft über viele Monate gespeichert wird. Die Befruchtung der Eier erfolgt während der Eiablage. Bei guter Fütterung legen Vogelspinnen auch unbefruchtete Eier.

Nach MELCHERS kann man schon bei den jüngsten Stadien feststellen, ob man ein Männchen oder Weibchen aufzieht. Man braucht die Exuvie nur von der Innenseite aus zu betrachten. Bei den Weibchen sieht man deutlich Anlagen der Spermatheken. Ist

die Geschlechtsspalte geschlossen und undifferenziert, handelt es sich um Männchen. Ob ein Weibchen geschlechtsreif ist, erkennt man am besten an seinem Verhalten gegenüber einem reifen Männchen. Weibchen, die – auch unbefruchtete – Eierkokons hergestellt haben, sind zum Zeitpunkt der Eiablage selbstverständlich reif gewesen.

Lungen

Die Vogelspinnen haben vier Buch- oder Fächerlungen. Dieses Charakteristikum teilen sie mit den anderen Mygalomorphae und den Gliederspinnen (Mesothelae). Man hat die ganze Gruppe der Spinnen, die zu diesen beiden Unterordnungen gehören, auch als Tetrapneumones (= Vierlunger) bezeichnet. Diese Benennung ist jedoch nicht sehr glücklich, da es auch eine Familie der Araneomorphae mit vier Lungen gibt, die altertümlichen Hypochilidae (vergl. Lehrmeister-Buch 108).

Die Stigmen der vorderen Lungen gehen von der Epigastralfurche aus, in die auch die Genitalöffnung nach außen mündet. Die des 2. Lungenpaares liegen hinter dieser Furche. Unter dem Mikroskop kann man bei lebenden Tieren sehen, daß die Stigmen Atembewegungen zeigen, wozu sie durch Muskeln befähigt sind. Im Körperinnern erweitern sich die Stigmen zu den Atemvorhöfen, in die die Lungenblättchen hineinragen. Zwischen den einzelnen Blättchen finden sich viele sehr feine, senkrechte Säulchen, die den erforderlichen Abstand zwischen den Blättchen gewährleisten. Fast das gesamte Blut, das zum Herzen zurückkehrt, muß an den Lungenblättchen vorbeiströmen, um mit Sauerstoff aufgeladen zu werden. Es strömt dann über eine sogenannte Lungenvene in den Herzbeutel und wird während der Diastole in das Herz eingesaugt.

Spinndrüsen

Im unteren Teil des Abdomens liegen die Spinndrüsen, deren Ausführgänge auf der Außenfläche der vier Spinnwarzen in den Spinnspulen münden. Sowohl die Spinnwarzen als auch die Spinnspulen sind durch Muskeln unabhängig voneinander beweglich. Vogelspinnen haben mindestens vier verschiedene Typen von Spinndrüsen. Sie lassen sich jedoch nicht mit den bekannten Drüsen der labidognathen Spinnen homologisieren.

Alle diese Drüsen liefern zunächst flüssigen Spinnstoff, der an der Luft sehr schnell erstarrt, was allerdings nicht Folge der Lufteinwirkung, sondern der Ausrichtung der Moleküle durch die Zugspannung sein soll. Es handelt sich um wasserunlösliche Proteine, deren Festigkeit mit der von Nylon vergleichbar ist.

Die Spinne kann die Fäden, die aus den vielen dünnen Spinnspulen austreten, miteinander kombinieren. Sie hat es auch in der Hand, durch Kontrollventile, die vor den Spinnspulen liegen, die Dicke der Fäden zu beeinflussen. Spinnfäden können so fein sein (weit dünner als 1 μm), daß sie sogar in optischen Präzisionsinstrumenten Verwendung finden.

Bei Vogelspinnenmännchen findet man zwischen dem 1. Paar der Fächerlungen noch ein Spinnfeld, das bei der Herstellung des Spermagewebes in Aktion tritt. Es besteht aus etwa 150–200 Spinndrüsen, die in hellen haarartigen Spinnspulen münden.

Häutung

Während sich die Vogelspinnenmännchen normalerweise nach der Reifehäutung nicht mehr häuten, erfolgt dies bei den Weibchen nach erreichter Reife im Jahr zunächst ein- bis zwei-, dann einmal. Sehr alte Vogelspinnenweibchen häuten sich höchstens nur noch alle zwei Jahre und werden damit wieder zu „Jungfern“, da auch die *Receptacula seminis* mitgehäutet werden, selbst wenn sie noch brauchbares Sperma enthalten. Vor jeder Häutung wirkt die Spinne träge, nimmt ein bis zwei Wochen vorher keine Nahrung auf und sucht sich ein geschütztes Plätzchen, das austapeziert und meist auch verschlossen wird. Viele Arten, die über Reizhaare verfügen, streifen einen Teil davon ab und bilden daraus einen „Schutzwall“ um sich herum. Dann legt sich das Tier auf den Rücken. Die Gliedmaßen werden symmetrisch weit ausgestreckt, zum Teil auch an den Körper gezogen und nach oben gerichtet. Die Spinne bleibt — falls sie die Reifehäutung oder eine der späteren Häutungen vollzieht — bis zu 16, ja 24 Stunden regungslos liegen. Während dieser Zeit hat die Verdauung der inneren Schichten des Chitinskeletts begonnen. Bei manchen amerikanischen Arten ist die Häutung in stehender Position häufiger, nach TESMOINGT (briefliche Mitteilung) z. B. bei *Rhechosticta anax* und *Euathlus vagans*, der sich wohl fast immer im Stehen häutet.

Zunächst platzt die alte Haut an der Vorderseite des Cephalothorax, dann an den Seiten des Kopfbruststücks, dessen alte Haut sich schließlich abhebt. Daraufhin reißt auch die viel dünnere Haut des Hinterleibs, und die Beine beginnen sich unter Auf- und Abbewegungen ihrer Borsten aus der alten Haut zu lösen. Zuletzt wird das Abdomen frei. Jüngere Tiere häuten sich innerhalb von ein bis zwei Stunden. Während der Häutung sollte man sie nicht stören.

Der komplizierte Häutungsprozeß wird dadurch eingeleitet, daß durch das Herz zunächst vermehrt Blut in den Cephalothorax gepumpt wird, und durch den erhöhten Blutdruck kommt es zum Platzen der Cephalothoraxhaut. Durch den gesteigerten Druck im Cephalothorax quellen auch die Beine und Taster aus der alten Haut bis auf die Femora. Am leichtesten wird der Hinterleib frei, da er durch die Blutabgabe an den Cephalothorax ohnehin schrumpft. Das alles ist in Wirklichkeit wesentlich komplizierter. Die Steuerung erfolgt hormonell, es entsteht Exuvial- oder Häutungsflüssigkeit zwischen alter und neuer Haut. Jahreszeitliche Einflüsse, die Dunkelheit und Außenluftzufuhr spielen eine Rolle.

Nach der Häutung verharrt die Spinne noch lange unbeweglich. Das Chitin muß nämlich hart werden. Vorher ist auch kein Beutefang möglich. Frischgehäutet, weist die Spinne allgemein sattere, in der Jugend dunklere, im Alter hellere Farben und relativ längere Beine auf. Die Chelizeren sind noch am zweiten Tag gelblich, erst nach vier bis fünf Tagen sind sie ausgefärbt und wieder gebrauchsfähig.

Die Häutung bietet der Spinne die Möglichkeit, verlorene Extremitäten zu ersetzen. Die Ersatzbeine sind allerdings weitaus kleiner als die anderen. Nach mehreren Häutungen sind sie jedoch nicht mehr von normalen Beinen zu unterscheiden.

Schon seit langem weiß man, daß Häutung und Wachstum miteinander zusammenhängen. Denn nur, solange das Chitin nicht ausgehärtet ist, ist ein Wachstum möglich. Indes, auch schlecht ernährte Spinnen oder solche mit hormonellen Störungen häuten sich ohne zu wachsen. Ja, nach der Häutung sind sie sogar oftmals kleiner als vorher.

Betrachten wir die alte Haut unter dem Mikroskop, so sehen wir, was die Spinne bei der Häutung alles abgeworfen hat: Sämtliche Sinnesorgane einschließlich der Augenlinsen, Speiseröhre und Magen, Spinnwarzen, ja sogar die Lungen. Es handelt sich um sogenannte ektodermale Organe, also Organe, die vom äußeren Keimblatt gebildet werden. Gerade bei den Vogelspinnen sieht die abgeworfene Haut noch recht spinnenähnlich aus, so daß viele Leute sie für eine tote, bisweilen sogar für eine lebende Spinne halten.

Interessant ist, daß bei der Häutung, vor allem wenn es sich um reife Weibchen handelt, keineswegs alles ersetzt wird, was zuvor verlorengegangen war. Die abgestreiften Reizhaare der Oberseite des Abdomens beispielsweise werden später nicht mehr regeneriert, so daß auch die frischgehäutete Spinne an der betreffenden Stelle wieder ihre „Glatze" hat. Das ist recht eigenartig. Denn damit ist der Spinne die Möglichkeit, sich durch Abstreifen von Abdominalhaaren zu verteidigen, genommen.

Lebensweise

Einer der Gründe, eine Vogelspinne zu halten, ist das potentiell hohe Alter, das sie erreicht. Männchen bringen es auf zwölf (nach BÜCHERL auf 14), Weibchen auf über 20 Jahre. Nach BAERG und GERTSCH können sie 30 Jahre alt werden. Sie könnten uns gehetzten Menschen des 20. Jahrhunderts in mancher Hinsicht als Vorbild dienen: Mäßiger Nahrungsverbrauch, lange Fastenzeiten und ruhiges Leben garantieren Langlebigkeit.

In freier Wildbahn sind alle Vogelspinnen dämmerungs- oder nachtaktive Jäger. Direktes Sonnenlicht und hohe Temperatur sind bei längerer Einwirkung für sie tödlich. Man findet sie tagsüber daher fast immer in ihren Verstecken. Im übrigen sind sie, wie die meisten Spinnen, Einzelgänger. Soziale Arten sind nicht bekannt.

Lebensraum

Grundsätzlich muß man zwei Typen von Vogelspinnen unterscheiden:

1. **Baumbewohnende Arten,** die gut laufen, klettern und springen und mit weit gespreizten Beinen, bei denen zusätzlich die Haarpolster an den Tarsen auseinandergespreizt werden, sogar regelrechte Gleitflüge vollführen können. Sie stellen Nester aus Baumblättern her, graben sich aber keine Röhren ins Erdreich. Hierher gehören alle Angehörigen der Unterfamilie Aviculariinae (Echte Vogelspinnen) und der Gattung *Poecilotheria*.

2. **Erdbewohnende Arten,** die sich mit den Chelizeren Löcher und Wohnröhren graben oder bereits vorhandene Nagetierlöcher bzw. Vertiefungen im Erdreich ausbau-

en und austapezieren, in denen sie während der kalten Jahreszeit sowie während der Häutungen und Brutpflegeperioden leben. Das kann sich über vier bis fünf Monate im Jahr erstrecken. Während der übrigen Zeit leben sie tagsüber versteckt unter Steinen, Baumwurzeln und Baumrinde oder unter lockerem Fallaub. Nachts wandern sie, wenn sie sich auf der Jagd befinden, wobei sie auch vorzüglich klettern können. Hierher gehören alle anderen Unterfamilien der Vogelspinnen. Reife Weibchen etlicher Arten leben jedoch auch jahrelang im gleichen Bau und entfernen sich nie weit von dessen Eingang bzw. vom Unterschlupf.

Die Wohnröhren können bis zu 80 cm lang sein. In Bananenstauden trifft man Angehörige beider Gruppen von Vogelspinnen. *Psalmopoeus* aus der ersten Gruppe wohnt dort, während verschiedene Angehörige der zweiten Gruppe dort auf die unterschiedlichsten Beutetiere Jagd machen.

Nahrung

Es gibt unter den Vogelspinnen „Nahrungsspezialisten", die z. B. bevorzugt Schaben fressen oder, wie einige große *Grammostola*-Arten Brasiliens, sich auf bis zu 40 cm lange Giftschlangen kapriziert haben. Die meisten Arten sind nicht so wählerisch und fressen große Insekten, vornehmlich Käfer, Zikaden, Heuschrecken und Schmetterlinge, auch kleine Frösche. In seltenen Fällen können von baumbewohnenden Arten unbefiederte Jungvögel erbeutet werden. Sicherlich fallen erdbewohnenden Arten, wenn sie Nagetiere aus ihren Löchern vertrieben haben, mitunter deren Junge zum Opfer. Viel bedeutsamer ist die Tatsache, daß manche der großen Grammostoleae und Theraphoseae Taranteln und Kammspinnen vertilgen. Gerade die für den Menschen gefährlichen Arten, z. B. *Scaptocosa erythrognatha* und *Phoneutria nigriventer,* die giftigste Spinne überhaupt, lassen sich ohne Gegenwehr von den Vogelspinnen überwältigen, wie BÜCHERL berichtet. Es kommt vor, daß Vogelspinnen oftmals so intensiv mit dem Fressen beschäftigt sind, daß sie sich selbst beim Sammeln nicht von ihrer Beute trennen.

Das Fressen wird in charakteristischer Stellung durchgeführt. Bei großer Beute steht die Spinne mit erhobenen Chelizeren auf den Spitzen der Tarsen. Es gibt bei Tieren der gleichen Art die unterschiedlichsten Eßgewohnheiten, sowohl wahre Ästheten wie unbekümmerte „Sabbler", bei denen der Magensaft, der nicht gerade angenehm duftet, nur so trieft. Manchmal werden mehrere Beutetiere nacheinander getötet, eingesponnen und erst nach einigen Tagen verspeist. Die Tiere betreiben sozusagen Vorratswirtschaft. Dagegen wird von nordamerikanischen Arten, die sich auf eine Überwinterung vorbereiten, Nahrung häufig ganz abgelehnt.

Während mehr als einjähriges Fasten einer gut genährten Vogelspinne gar nichts ausmacht, sind diese Tiere gegen Austrocknen und Verdursten ähnlich empfindlich wie andere Spinnen. Bei großer Hitze und nach dem Fressen trinken sie daher gern und viel. Anschließend sieht man ihr Putzverhalten, wobei sie stundenlang ihre Beine mit den Chelizeren bearbeiten. Gerade die Anspruchslosigkeit ausgewachsener Vogelspinnen macht sie zu idealen Terrarientieren für jene, die öfter einmal für ein bis zwei Wo-

chen verreisen müssen und sich daher nicht jeden Tag um ihre Pfleglinge kümmern können. Für ausreichend Wasser während dieser Zeit muß aber gesorgt werden. Bei längeren Urlaubsreisen sollte man seine Tiere von Verwandten oder Bekannten nach genauer Anweisung betreuen lassen. Häufig wohnen andere Vogelspinnenhalter auch in der Nähe und übernehmen gern die Urlaubsvertretung, insbesondere, wenn man sich durch gleiche Leistung revanchieren kann.

Aufgrund vieler Erfahrungen kann man davon ausgehen, daß zwei- bis dreimonatige Fastenzeiten auch bei Tieren, die keine Brutpflege treiben, ganz normal sind. Dazu kommen bei begatteten Weibchen noch einmal etwa drei Monate. Denn vom Zeitpunkt der Begattung bzw. kurz danach bis zum Schlüpfen der Jungen wird meist keine Nahrung aufgenommen. In einigen wenigen Fällen ist das Männchen, mit dem gerade kopuliert wurde, der letzte Bissen vor der Brutpflegeperiode. Bei *Grammostola mollicoma,* einer Spezies, deren Männchen besonders lange Beine hat, ist dieses überhaupt nicht gefährdet, was BÜCHERL beobachtete, dem wir bei der Schilderung der Lebensweise vieler südamerikanischer Arten folgen. Auch die meisten anderen Arten trennen sich nach der Paarung friedlich (NICOLAISEN, BAERG, KRISTEK, PINZ).

Lebenszyklus

Der gesamte Lebenszyklus einer Vogelspinne spielt sich wie folgt ab: Aus einem Kokon mit ca. 200 (z. B. *Grammostola mollicoma, Lasiodora klugii*) bis 800 (z. B. *Pamphobeteus-* und *Acanthoscurria*-Arten) Eiern von ca. 1 − 2,5 mm Durchmesser schlüpfen etwa

25 bis 42 Tage nach der Eiablage die Jungen. Dies erfolgt in Südamerika meist Ende Januar. Schon etwa zehn Tage zuvor lassen die Embryonen in den Eiern Bewegungen erkennen. In diesem Stadium bestehen die Beine aus nur fünf Gliedern. Eine Trennung in Trochanter und Femur sowie Metatarsus und Tarsus hat noch nicht stattgefunden.

Mittels eines Eizahnes wird die undurchsichtige Eischale durchbrochen, und das völlig farblose Spinnenbaby kommt mit dem Cephalothorax zum Vorschein, während der Eischalendeckel hochgeklappt wird. Bei der von Ruhepausen unterbrochenen Geburt wird gleich die Embryonalhaut abgestreift, so daß Schlüpfen und erste Häutung zusammenfallen.

Die kleine Spinne hat anstelle der Augen zwei dunkle Flecken unter der Haut. Cephalothorax und Abdomen sind prall gefüllt mit Dotter. Das runde Abdomen trägt zwei Spinnwarzen, bei denen die Glieder schon deutlich sind. Sie lassen bereits Bewegungen erkennen. Die Chelizeren bestehen aus drei Gliedern, was von einigen Untersuchern als Zeichen dafür gedeutet wird, daß die Vorfahren der Spinnentiere Antennen trugen wie z. B. die Trilobiten. Alle diese Glieder tragen schwarze Zähne, deren vorderste die schon erwähnten Eizähne sind.

Giftklauen sind noch nicht sichtbar. An den Beinen fehlen die Krallen. Stattdessen tragen sie je einen Enddorn. Vereinzelte Haare sind an den Beinen schon vorhanden. Während der nächsten 17 bis 40 Tage verbleiben die Jungen im Eierkokon, wo sie sich weiterentwickeln und auch nachdunkeln. Die beiden Vordermittelaugen entwickeln sich aus den dunklen Flecken, später die übrigen sechs Augen. Zuvor aber wird eine ein- bis zweitägige Pause eingelegt, der jene Häutung folgt, aus der die Jungspinnen als „fast" fertige Spinnen hervorgehen. Bis auf Thoraxgrube, Giftklauen- und Geschlechtsöffnung sowie einige Sinnesorgane an den Beinen, und natürlich die dichte Behaarung, gleichen sie den Alten.

Jetzt durchbrechen sie den zuvor von der Mutter aufgelockerten Eierkokon, verlassen ihn wenigstens zeitweise und besteigen schließlich ihre Mutter wie die Wolfspinnen. Diese macht es ihnen leicht, indem sie sich direkt neben dem Eierkokon flach hinstreckt. Das Ganze spielt sich im Laufe einiger Tage ab. Immer wieder kehren einige der Jungtiere, vor allem bei Beunruhigung, in den Eierkokon zurück und besteigen erneut die völlig bewegungslos verharrende Mutter, wenn sie sich wieder sicher fühlen. Da sie beim Laufen stets ihren Faden hinter sich herziehen, der von nachkommenden Jungspinnen weiter verstärkt wird, entsteht allmählich ein dichtes Gespinst zwischen Eierkokon, Mutter und später der Umgebung, die von den Jungspinnen auch schon aufgesucht wird. In diesem Gewebe erfolgt nach wenigen Tagen die dritte Häutung, die erste, die man normalerweise beobachten kann. Jetzt erst ist die Brutpflege des Muttertieres beendet. Selbst im Todeskampf, wenn man es z. B. mitsamt den auf seinem Körper sitzenden Jungen in Alkohol wirft – eine Methode, die wegen ihrer Grausamkeit zu verwerfen ist –, versucht es, seine Kinder um sich zu scharen.

Nach der Brutpflegeperiode sucht sich das Muttertier wieder einen Schlupfwinkel, dessen Boden sorgfältig ausgesponnen wird und häutet sich, was normalerweise nachts geschieht und am nächsten Morgen beendet ist. Nur bei sehr alten Tieren oder durch Störungen (z. B. zu hohe oder zu niedrige Luftfeuchtigkeit) dauert die Häutung länger.

Nach der dritten Häutung der Jungen beginnt das Recht des Stärkeren, d. h., die schwächeren Geschwister und vor allem die, welche noch vor dieser Häutung stehen, werden von den stärkeren gefressen, bevor sich auch diese aus dem Staube machen, um nicht noch stärkeren zum Opfer zu fallen. Sie wiegen jetzt ca. 150 mg. Nach zwei Monaten erfolgt die vierte Häutung, alle zwei bis drei Monate eine weitere. Wenn die Spinnen etwa 1 cm Körperlänge erreicht haben, sind manche, wie *Psalmopoeus*- und *Pamphobeteus*-Arten, oft schön rot gefärbt. Andere, z. B. *Avicularia*-Arten, weisen dann eine Körperzeichnung auf, die die erwachsenen Tiere nicht mehr erkennen lassen.

Die Jungen machen im ersten Jahr sechs bis acht, im zweiten drei bis fünf und im dritten und vierten Jahr zwei bis drei Häutungen durch. Nach der Geschlechtsreife im 4. bis 13. Lebensjahr häuten sich die Männchen nicht mehr, bzw., falls sie es dennoch tun, ist dies als krankhaft anzusehen. Eine Kopulation ist nach einer derartigen Häutung nicht mehr möglich, weil der entstandene Taster mißgestaltet ist. Die Weibchen wechseln jährlich meist nur einmal die Haut, südamerikanische Arten im Februar und März, nordamerikanische im Frühling. Nach zehn bis elf Lebensjahren erfolgt bei den meisten südamerikanischen Arten höchstens noch alle zwei Jahre eine Häutung und nach dem 14. Lebensjahr häuten sich die Weibchen oft überhaupt nicht mehr. Nach BÜCHERL fin-

den Häutungen südamerikanischer Vogelspinnen im ersten Lebensjahr im Februar, April, Juni, Oktober und Dezember, im zweiten Jahr im Februar, Juni und Dezember, im dritten Jahr im Februar und Dezember, im vierten Jahr im Februar bzw. März statt. Nach CELERIER erreichen die Männchen von *Stromatopelma griseipes*, einer afrikanischen Art, nach durchschnittlich 439 Tagen und die Weibchen nach 541 Tagen und acht bis elf Häutungen Geschlechtsreife. Ein halbes Jahr später sterben die Männchen. Weibchen können zwölf Jahre alt werden. TESMOINGT (briefl. Mitteilung) konnte von *Lasiodora parahybana* bereits nach 15 Monaten geschlechtsreife Männchen erzielen.

Spermaaufnahme und Begattung

Kurze Zeit nach der Reifehäutung erfolgt die Herstellung des Spermagewebes bei den Männchen. Dazu wird die Höhle, in der sie sich gehäutet haben, nochmals dicht austapeziert oder aber die Männchen suchen sich einen entsprechenden Ort, falls sie inzwischen das Häutungsgewebe schon verlassen hatten. Bei Aviculariinen erfolgt die Herstellung des Spermagewebes im luftigen Baumnest. In allen Fällen wird der Boden dicht mit Gewebe ausgekleidet, über das ein mehr oder weniger horizontales bis schräges rechteckiges Netz von ca. 8 × 5 cm genau über dem Boden, und zwar in einer Höhe, die der der Spinne entspricht, gesponnen wird. Darunter kriecht das Männchen rücklings und scheuert seine Genitalöffnung so lange an der Unterseite dieses Spermagewebes, bis der Samen austritt und als Tropfen daran hängenbleibt. Anschließend geht es unter der Decke des Spermagewebes den gleichen

Weg zurück, stellt sich auf die Beine und legt seinen Körper so auf das Gewebe, daß sein Sternum genau über dem Spermatropfen liegt. Jetzt greift es mit den beiden Tastern unter das Spermanetz direkt in den Spermatropfen, der abwechselnd in beide Bulbi eingesaugt wird. Man spricht von einer direkten alternierenden Spermaaufnahme. Eine solche ist für die Vogelspinnen und ihre Verwandten charakteristisch. Danach wird das Gewebe abgerissen. Das Weben des Spermanetzes dauert bis zu drei Stunden, die Gesamtdauer bis zur Zerstörung des Netzes fünf Stunden.

Bei den Taranteln beispielsweise wird das Sperma indirekt, also durch das Spermagewebe hindurch und gleichfalls alternierend, also im Wechsel zwischen rechtem und linkem Taster, aufgenommen.

Während man bei anderen Spinnen die Spermaaufnahme auch tagsüber beobachten kann, erfolgt sie bei den Vogelspinnen nur nachts oder bei absoluter Dunkelheit in der Wohnröhre bzw. im Nest. Je nach Art gehen sie nun gleich auf Brautschau oder genießen erst einmal ihr Leben, überwintern und machen sich viel später — bis zu acht Monaten nach der Reifehäutung — auf, ein Weibchen zu suchen, und damit beginnt der aufregendste Abschnitt in ihrem Leben. In Nord- und Mittelamerika wandern reife Männchen im Frühling zu Beginn der Regenzeit ohne Zusammenhang mit der Paarung, die dort von der zweiten Septemberhälfte bis Mitte November stattfindet.

Weibchen werden aus einer Entfernung von etwa einem halben Meter wahrgenommen. Die Werbung beginnt damit, daß die Männchen in ihrer üblichen Bewegung innehalten und mit beiden Tastern auf den Erdboden trommeln. Ist das Weibchen artfremd oder nicht paarungsbereit, so versucht es, das Männchen zu erbeuten, was dieses mit rechtzeitiger Flucht beantwortet. Ein scheinbar ungerührt sitzendes Weibchen dagegen löst nur um so heftigeres Trommeln und einen arttypischen Bewegungsmodus bei der weiteren Annäherung des Männchens aus. Dieses Trommeln ist, auf einer Holzunterlage veranstaltet, auch für das menschliche Ohr ohne Verstärker gut hörbar.

Es kann vorkommen, daß sich das Weibchen sozusagen im letzten Moment, wenn sich das Männchen gerade anschickt, es mit seinen Vorderbeinen und Tastern zu betrillern, eines anderen besinnt und den „Partner" angreift. Oft aber bleibt es weiterhin ruhig sitzen und läßt sich an Beinen und Cephalothorax betrommeln, wodurch das Männchen weiter aktiviert wird. Häufig ist allerdings das Weibchen beim Vorspiel ebenso aktiv wie das Männchen.

Wenn dann das Weibchen seine Vorderbeine etwas anhebt, schiebt das Männchen seine eigenen darunter und hebt damit die des Weibchens hoch. Bei Männchen mit Tibiaapophysen an den Vorderbeinen legt das Weibchen seine Chelizeren in diese, bei anderen Arten statt dessen seine Beine, was dem Männchen das nun folgende Aufrichten des Weibchens erleichtert. Bei einigen Arten richtet das Weibchen selbst seinen Cephalothorax auf und ermöglicht damit dem Männchen, es fast senkrecht „aufzustellen", wobei das Männchen selbst im rechten Winkel davorsteht oder bisweilen mehr liegt als steht. Das ist für das schwächere Männchen

Foto 9 *Euathlus vagans* (Kolumbien bis Mexiko)

Foto 10 *Grammostola spatulata* (Chile, Bolivien)

Foto 11 *Euathlus mesomelas* (Costa Rica)

Foto 12 *Euathlus mesomelas*,
Eierkokon auf der Hand

Foto 13 *Euathlus mesomelas*, Eier
kurz vor dem Schlüpfen der Jungen

Foto 14   *Grammostola pulchripes* (Brasilien, Paraguay, Argentinien, Uruguay)

Foto 15   *Pamphobeteus platyomma* (Brasilien)

Foto 16   *Rhechosticta spec.* (Mexiko)

Foto 17   *Poecilotheria fasciata* (Sri Lanka)

Foto 18   *Lasiodora difficilis* (Brasilien)

eine ziemliche Anstrengung. Denn, um kopulieren zu können, muß es das Weibchen abstemmen.

Ist die richtige Position erreicht, dann inseriert das Männchen meisten einen, selten beide Taster gleichzeitig oder in der Mehrzahl der Fälle nacheinander in die Geschlechtsöffnung des Weibchens, und das Sperma wird in den beiden *Receptacula seminis* des Weibchens deponiert. Die ganze Paarung dauert je nach Art etwa zehn bis fünfzig Minuten. Bei *Ceratogyrus* wird jeweils nur ein Taster eingesetzt, und die Kopulation dauert etwa zwei Minuten. Bei den bisher beobachteten *Selenocosmiinae* wird bei einer Paarung ebenfalls nur ein Taster inseriert. Bei der nächsten wird dann der andere benutzt. Bei *Avicularia metallica* wird abwechselnd der rechte und linke Taster eingeführt. Hier dauert eine Insertion zehn und mehr Minuten, bei *Crypsidromus zebratus* dagegen oft nur zwei Sekunden (MÜLLER, briefl. Mitteilung). Nach der Paarung trennen sich die Partner vorsichtig, und das Männchen begibt sich so schnell wie möglich außer Reichweite des Weibchens (z. B. bei *Grammostola mollicoma*). Manchmal löst sich das Weibchen während der Kopulation aus der „Klammer" durch die Vorderbeine des Männchens und tötet dieses, bevor es entkommen kann. In solchen Fällen wird das Männchen ganz oder teilweise aufgefressen.

Bei den Arten, die sich friedlich trennen, z. B. *Aviculariinae*, *Grammostola iheringii*, *Euathlus albopilosus* und *E. vagans* (NICOLAISEN), spinnt das Männchen wenige Tage später ein neues Spermagewebe, füllt seine leeren Tasterbulbi und sucht eine neue Part-

nerin. Dieser Vorgang kann sich viele Male wiederholen. Spermagewebe werden von reifen Männchen übrigens auch hergestellt, ohne daß zuvor Begattungen stattgefunden haben. Spätestens ein bis zwei Jahre nach der Reifehäutung sterben die Männchen. Nur ganz selten leben sie länger als drei Jahre danach noch.

Das ist in groben Zügen das Thema „Werbung und Kopulation". In Wirklichkeit ist es ein Thema mit 800 Variationen. Denn jede Art macht es etwas anders. Das kann man schon daran erkennen, daß artfremde Weibchen auf die Balz eines Männchens mit Aggression reagieren und dieses damit zur Flucht veranlassen oder aber sich das Betrillern und „Streicheln" ihres Körpers gefallen lassen. Wenn eine normale Paarung bei Partnern aus zwei verschiedenen Arten vorkommt, was BAERG als erster erwähnt, kann man davon ausgehen, daß die Weibchen in der Regel unbefruchtete Eier legen. KRISTEK konnte beobachten, daß Männchen von *Euathlus smithi* oder einer nahverwandten Art zwar stundenlang vor Weibchen von *E. emilia* warben, zur Kopulation kam es jedoch nicht (Foto 41). Jedoch konnte dieser Autor auch Paarungen zwischen Tieren verschiedener Gattungen einer Unterfamilie, z. B. zwischen *Phrixtrichus roseus* und *Euathlus albopilosus*, filmen. Selbst Vertreter aus zwei Unterfamilien brauchen keineswegs immer aggressiv aufeinander zu reagieren. KRISTEK demonstrierte die Werbung eines *Avicularia*-Männchens vor einem *Crypsidromus*-Weibchen, bei der das artfremde Männchen nicht verjagt wurde. Wenn fruchtbare Nachkommen aus der Paarung von verschiedenen *Euathlus*-Arten (z. B. *E. vagans* × *E. albopilosus*) hervorgehen, was berichtet wurde, wäre *E. albopilosus* als echte Art anzuzweifeln. Schon BÜCHERL war der Ansicht, daß viel zu viele „Arten" beschrieben wurden. Was aber eine gute Art ist, kann nur durch Kreuzungsexperimente geklärt werden. Es gibt sehr zu denken, daß aus demselben Eierkokon Tiere mit unterschiedlichsten Farb- und Zeichnungsmustern schlüpfen können. TESMO-INGT (briefliche Mitteilung) erzielte fruchtbare Nachkommen aus der Kreuzung von *Ceratogyrus darlingii* × *C. brachycephalus*, bei denen das Horn auf dem Cephalothorax nicht wie bei den Elterntieren nach vorn oder hinten, sondern gerade nach oben gerichtet ist. Hier muß der weitere Erbgang noch geklärt werden, eine sehr zeitaufwendige Angelegenheit. Zudem stellt sich die Frage, ob es sich wirklich um *C. darlingii* handelte und nicht um *C. bechuanicus.*

Die Füllung der Palpen mit Sperma ist übrigens keineswegs eine Voraussetzung für das männliche Werbeverhalten. Selbst mit leeren Tastern wird der Boden betrommelt, wenn ein Weibchen in der Nähe ist, ja sogar nach Verlust der Palpen reagieren die Männchen auf das andere Geschlecht (u. a. durch hormonelle Regelung).

Eikokonherstellung und Brutpflege

Sechs bis acht Wochen nach der Kopulation suchen die Weibchen einen versteckten Ort auf, in den meisten Fällen ihre Wohnhöhle, deren innerster Teil als Brutkammer ausgebaut, d. h. sorgfältig austapeziert wird. Zuletzt wird der Eingang der Wohnung mit dichtem Gewebe verschlossen. Absolute Dunkelheit ist oberstes Gebot, auch bei baumbewohnenden Arten. Dann wird der Eikokon hergestellt, in den USA meist im Juni und Juli. Dabei darf das Tier nicht gestört werden.

Zunächst webt das Weibchen als Unterlage für die Eier ein tellerförmiges Körbchen von bis zu 4 cm Durchmesser und 15 mm Tiefe, das je nach Art aus drei oder vier Gewebsschichten besteht. Das Weibchen preßt dann seine Genitalöffnung in dieses flache Körbchen und läßt die Eier austreten. Dieser Vorgang dauert etwa 15 Minuten. Gleichzeitig öffnet es die „Schleusen" zu den *Receptacula seminis*, so daß die Eier während der Ablage befruchtet werden können; aber nicht immer werden alle Eier befruchtet. Das Körbchen wird randvoll gefüllt.

Anschließend wird der Deckel hergestellt, der genau der Größe des Körbchens entspricht. An der Berührungsstelle beider wird der Eikokon verschlossen. Dabei reißt die Spinne ihre teilweise mit Reizhaaren gespickte Brutkammer ein, wobei deren Wände über den Eiern zusammenklappen und knetet die Gespinsthülle mit den Chelizeren zusammen über die umsponnenen Eier. Die Spinne webt jetzt noch eine Außenschicht um den Kokon, umgibt ihn mit Klebstoff und legt ihn ab. Zuletzt wird erst die eine, dann die andere Hälfte mit Reizhaaren von der Rückseite des Abdomens gespickt. Dieses Sichern des Kokons findet man allerdings nur bei den amerikanischen Arten, die derartige Reizhaare besitzen. Aber selbst da verzichten gewisse Arten auf den zusätzlichen Schutz, wie übrigens alle europäischen, afrikanischen, asiatischen und australischen Spezies. Der gesamte Vorgang der Eikokonherstellung vom Beginn des Baus der Brutkammer an kann 75 Stunden dauern. Die

34

Arbeit war für die Spinne sehr anstrengend. Ihr Puls stieg dabei um mehr als das Doppelte an.

Das Muttertier nimmt den bis zu 10 g schweren Kokon in die Chelizeren, schiebt unter ihn ihre Vorderbeine, legt sich auf den Bauch und verharrt in dieser Stellung, meist ohne Nahrung zu sich zu nehmen, 40 bis 50 Tage. Manchmal hockt es direkt über dem Kokon. Bei den bisher untersuchten Eumenophorinae und Harpactirinae, z. B. *Ceratogyrus*-Arten wird er an die Oberseite der Wohnkammer geheftet. Der Kokon wird gegen jeden Eindringling verteidigt. Versucht man, ihn wegzunehmen, so hält das Weibchen ihn mit den Chelizeren fest und läßt sich eher aus dem Wohngewebe mit herausziehen, als daß es ihn preisgibt. Wenn die Jungen aus den Eiern geschlüpft sind, lokkert das Weibchen den Kokon etwas an der Verbindungsstelle zwischen Körbchen und Deckel und erleichtert ihnen damit den Ausstieg aus der Kinderstube.

Nachdem das letzte Junge die Mutter verlassen hat, häutet sie sich und geht während des nächsten halben Jahres auf nächtliche Jagd, um sich von den Strapazen der Brutpflege und -fürsorge zu erholen. Unbefruchtete Kokons werden meist nach zwei Monaten aufgefressen.

Lebensabend

So geht das Vogelspinnenleben weiter, Jahr für Jahr. Vom achten Lebensjahr an werden die Tiere ruhiger. Selbst die aggressivsten Tiere werden zahm und lassen sich ohne weiteres anfassen. Dies ist das Alter, in dem man mit ihnen „spielen" kann.

Die ersten Anzeichen des Alterns treten vom zehnten Lebensjahr an in Erscheinung: Die Weibchen vernachlässigen die Körperpflege. Die fehlenden Haare auf dem Abdomen werden bei der Häutung nicht mehr regeneriert, so daß die Glatze bestehenbleibt. Um den After herum bildet sich ein immer größer werdender weißlicher Bezirk aus Ausscheidungsprodukten. Pilze siedeln sich dort an und wachsen bis zu den Spinnwarzen hinüber, und die Spinntätigkeit erlischt nach und nach. Einige Tiere werden extrem bewegungsarm, andere plötzlich auffallend unruhig. Einige fressen monatelang nichts mehr, andere stürzen sich jeden Tag mit Vehemenz auf Beute, als wollten sie im letzten Moment Versäumtes nachholen. Schließlich bleiben die Tiere mit lang ausgestreckten und ab und zu etwas auf- und abbewegten Beinen auf dem Bauch liegen und sterben mit eingezogenen Beinen.

Trotz dieses wohl traurigen, aber unvermeidbaren Ereignisses kann der Leser sicher sein, daß die Vogelspinnen in der freien Natur ihr Spinnendasein voll ausgelebt haben. Nimmt sich der Mensch ihrer an, sind die Tiere in ihrer Bewegungsfreiheit zwar stark eingeschränkt, jedoch vor ihren natürlichen Feinden geschützt. Sie führen dadurch ein vielleicht eintönigeres, aber unbeschwerlicheres und bei guter Pflege sogar ein längeres Leben.

Gifte

Die meisten Vogelspinnenarten sind ausgesprochen gutmütig und beißen den Menschen nicht, jedenfalls nicht ohne Grund. Die wenigen aggressiven Gattungen wie *Acanthoscurria, Phormictopus, Mygalarachne*, manche *Rhechosticta-* und fast alle *Pterinochilus*-Arten nehmen vor dem Angriff die beschriebene charakteristische Stellung ein bzw. geben zischende Laute von sich, so daß man über ihre Absichten informiert ist. Von diesen Spinnen Gebissene berichten, einen mäßigen bis starken Schmerz einige Stunden bis Tage verspürt zu haben. Daß es recht schmerzhaft sein kann, von einer der großen Arten gebissen zu werden, ergibt sich allein aus der Länge der Giftklauen, die bei der größten Art, *Theraphosa leblondi*, 12,6 mm lang sein können und damit recht tief ins Fleisch eindringen.

Der nordamerikanische Forscher KASTON schreibt, daß die in den USA lebenden Arten für Menschen nicht lebensgefährlich sind. Ihr Biß ist in seiner Intensität mit einem Bienenstich vergleichbar. BÜCHERL berichtet, mehrmals von Vogelspinnen gebissen worden zu sein. Er verspürte keinen Schmerz, und die betreffende Bißstelle schwoll auch nicht an. Nach THORP und WOODSON (zitiert nach BÜCHERL 1971) verursachen Bisse der Gattungen *Rhechosticta* und *Mygalarachne* ziemlich starken Schmerz und mäßige Schwellungen. BAERG meint, daß vorübergehender Schmerz das einzige sei, was man bei Bissen von *Rhechosticta* in Mittelamerika und den Südstaaten der USA verspürt. Auch EWING bestätigt, daß Bisse dieser Gattung keine Schwellungen verursachen, wohl aber Verhärtungen und Entzündungen der Bißstelle, die nach wenigen Stunden verschwinden. FATTING vergleicht den Schmerz mit dem von zwei oder drei Bienenstichen und bemerkt, daß er nur etwa zwei Stunden anhält. Die Folgen eines Bisses von *Poecilotheria fasciata* (Bewegungseinschränkung der nahe der Bißwunde gelegenen Gelenke, Schwellungen, Krämpfe, ziehende Schmerzen in den Extremitäten, wenn der Biß z. B. in den Arm erfolgt) können bis zu einer Woche anhalten (PINZ, persönliche Mitteilung).

Schmerzhafte Bisse rufen auch Tiere der südamerikanischen Gattung *Phormictopus* und der australischen Gattung *Selenocosmia* hervor. Nach eigenen Untersuchungen sterben Mäuse 20 bis 30 Minuten nach dem Biß von *Acanthoscurria gigantea*. Das Gift führt in diesem Fall 15 Minuten nach dem Biß zu einer Erregungsphase und Schüttelkrämpfen, nach weiteren fünf Minuten zum Tode.

Wenn über tödliche Zwischenfälle aufgrund von Vogelspinnenbissen berichtet wurde, handelte es sich stets um Verwechslungen mit ähnlich aussehenden anderen Spinnen, vor allem aus der Unterordnung Mygalomorphae. In Amerika kam es z. B. zu einem fatalen Zwischenfall durch eine Falltürspinne in Texas. Auch der Biß der europäischen Falltürspinne *Cteniza sauvagesi* ist außerordentlich schmerzhaft. Nicht zuletzt gehören andere „Verwandte" innerhalb der Familien Hexathelidae und Barychelidae zu den für den Menschen gefährlichen Spinnen. In Südamerika wissen die von der europäischen Kultur nur wenig beeinflußten Eingeborenen, wie harmlos gerade die größten Vogelspinnen sind. Im Gegensatz dazu werden sie von „zivilisierten" Menschen zu Unrecht gefürchtet.

Amerikanische Gruselfilme und Horrorgeschichten tragen laufend das ihre dazu bei, daß sich der Aberglaube von den gefährlichen Vogelspinnen auch weiterhin hält, trotz aller wissenschaftlichen Arbeiten, die in der Zwischenzeit über Vogelspinnengifte erschienen sind. Besonders traurig ist dabei die Tatsache, daß selbst modernste medizinische Werke wie das klinische Wörterbuch von Pschyrembel immer noch den Wissensstand des Mittelalters wiedergeben.

Das Vogelspinnengift hat eine schlaffördernde Komponente, die angeblich medizinisch genutzt werden soll. Pro Biß werden von den größten Arten bis zu 8,9 mg Trokkengift abgegeben. *Acanthoscurria musculosa*, eine der „giftigsten" südamerikanischen Arten, könnte mit einem intravenösen Biß maximal etwa 60 Mäuse zu je 20 g, das sind 1,2 kg Maus, töten.

Die Gifte der Vogelspinnen und ihrer Verwandten enthalten vier verschiedene Proteinfraktionen, sehr viel freie Glutaminsäure und freie Gamma-Aminobuttersäure. Viele dieser Gifte weisen zu 30 – 40 % stark basische Bestandteile auf, wie z. B. Verbindungen des Spermins und Trimethylendiamins mit p-Hydroxphenylbrenztraubensäure und anderen Säuren des Tyrosinabbaus. Bei nord- und mittelamerikanischen Vogelspinnen fand man auch Putreszin und Kadaverin in kleineren Mengen.

BÜCHERL berichtet, daß Mäuse, die ein Viertel der tödlichen Menge eines Vogelspinnengiftes (z. B. von *Grammostola*) injiziert erhalten, nach etwa fünf Minuten mit allgemeiner Beruhigung reagieren. Beißereien unter ihnen treten etwa zwei bis drei Stunden lang nicht mehr auf. Spritzt man ein Drittel der Letaldosis, legen sie sich paarweise schlafen, sind aber leicht zu wecken. Die Hälfte der tödlichen Menge bewirkt ein Tiefschlafverhalten, aus dem sie nach etwa sechs Stunden wieder frisch erwachen.

BÜCHERL hat auch ermittelt, daß das Vogelspinnengift in vielen Fällen nicht einmal ausreicht, um eine Taube zu töten. Er kommt abschließend zu der Feststellung, daß Vogelspinnen für Warmblüter, die mehr als 500 g wiegen, keine Gefahr bedeuten.

Anders sieht es bei Kaltblütern aus. Bereits 0,2 mg Gift von *Grammostola actaeon*, das sind 3,6 % der Giftmenge, die man durch elektrische Reizung gewinnen kann, tötet die gefährliche südamerikanische Giftschlange *Bothrops atrox* innerhalb weniger Stunden, 0,005 mg einen Frosch nach etwa einer viertel Stunde und 1 mg eine 25 g schwere Kröte nach mehreren Stunden. 0,3 mg töten andere Vogelspinnen innerhalb von Sekunden.

Man ersieht daraus, daß die Vogelspinnengifte in erster Linie für jene Tiere gefährlich sind, die zur üblichen Beute der Theraphosiden zählen. Darüber hinaus dient das Gift zur Verteidigung gegenüber Warmblütern, die den Vogelspinnen selbst gefährlich werden können.

Es hat in der Vergangenheit nicht an Versuchen gefehlt, die Gifte der Theraphosiden therapeutisch zu nutzen. Insbesondere war man an der beruhigenden Komponente der Toxine verschiedener südamerikanischer Arten interessiert. Leider gelang es nicht, Präparate herzustellen, die sich wie Tabletten oder Kapseln einnehmen lassen. Da die Wirkstoffe durch Verdauungssekrete zerstört werden, müßte man sie injizieren.

Haltung und Zucht

Allgemeines

Wer Vogelspinnen halten will, muß sie sich zunächst einmal beschaffen. Am reizvollsten ist es zweifellos, sie an Ort und Stelle zu sammeln, wobei allerdings die Vorschriften der einzelnen Länder sowie die der jeweiligen Fluggesellschaften zu beachten sind, wenn der Transport auf dem Luftweg erfolgt.

Die Zoogeschäfte bieten in letzter Zeit häufiger Vogelspinnen an, und der Tauschmarkt erfolgt entweder direkt von Liebhaber zu Liebhaber oder über den Inseratenteil der Entomologischen Zeitschrift, genannt „Insektenbörse". Dort findet man mitunter die unglaublichsten Angebote. Auch wenn man seine Jungtiere abgeben will, bietet sich vornehmlich die Insertion in der Insektenbörse an. Mitunter lassen sich auf Verkaufsveranstaltungen der Aquarien- und Terrarienver-

eine des Verbandes Deutscher Vereine für Aquarien- und Terrarienkunde (VDA) recht preisgünstig derartige „Haustiere" erstehen. Wenn irgend möglich, sollte man sich die Vogelspinnen während der kalten Jahreszeit nicht per Post zuschicken lassen, weil sie dann womöglich gar nicht lebend ankommen. Man sollte sie selbst beim Händler oder Züchter abholen und grundsätzlich einzeln transportieren, um Kannibalismus zu vermeiden.

Alle Vogelspinnen werden bei 20–25° C gehalten. Die Luftfeuchtigkeit sollte 70 % nicht unterschreiten, außer bei Wüstentieren. Es gibt erd- und baumbewohnende Arten, die unterschiedliche Terrarien benötigen. Alle brauchen Trinkwasser. Eine Wasserschale sollte etwa 20–30 ml Wasser enthalten, das alle zwei bis drei Tage gewechselt werden muß, spätestens aber dann, wenn es verunreinigt wurde. Denn Vogelspinnen set-

Vogelspinnenkäfige für erdbewohnende Arten auf Regalen. Leuchtstoffröhren mit Schaltuhr garantieren einen Tropentag.

zen häufig, wie auch andere Spinnen, ihren Kot darin ab. Auch Nahrungsreste findet man mitunter in der Schale. Manche Vogelspinnen nehmen ihre Wasserschale in die Chelizeren und tragen sie an einen anderen Ort. Dies könnte als Zeichen dafür angesehen werden, daß ihnen der neue Platz mehr zusagt. Es ist allerdings möglich, daß sie die Schale am nächsten Tag wieder zu einer anderen Stelle transportieren. Will man das verhindern, so sollte sie so stabil sein, daß sie von der Spinne weder verschleppt noch umgeworfen werden kann.

Als Beleuchtung eignen sich dunkelgetönte 60-W-Leuchtstoffröhren mit Schaltuhr oberhalb der Terrarien, die während der Nacht abgeschaltet werden (siehe Abb.).

Erdbewohner

Vogelspinnen, die sich Röhren in die Erde bauen oder vorhandene Stollen ausbauen, erfordern die wenigste Arbeit. Man benötigt Terrarien von mindestens 30 × 20 × 20 cm mit einem Maschendrahtdeckel, die man ins Dunkle stellt.

Solche Terrarien kann man in Zoogeschäften kaufen. Geeignet sind sowohl Behältnisse für Reptilien als auch gewöhnliche Aquarien. Für Paarungsversuche sind größere Gefäße vorzuziehen. Am preiswertesten ist es natürlich, die Terrarien selbst anzufertigen. Dabei ist darauf zu achten, daß sie groß genug sind, um bequem an die Spinnen gelangen zu können. Ein ausreichender Luftaustausch muß gewährleistet sein. Das erreicht man bei einem Vollglasaquarium am besten dadurch, daß man die Deckplatte nicht direkt aufliegen läßt. Man kann z. B. auf die oberen Terrarienkanten kleine, dicke, eingeschnittene Gummiringe aufsetzen.

Eine Bepflanzung ist immer sehr reizvoll und nicht nur aus optischen Gründen zu empfehlen, sondern dient auch noch als Sauerstofflieferant. Erfahrungsgemäß eignen sich dafür alle tropischen Gewächse entsprechender Größe. Vogelspinnen scheinen bestimmte Vorstellungen von ihrer unmittelbaren Umgebung zu haben. So darf man sich nicht wundern, wenn sie z. B. eines Tages Teile einer wochenlang akzeptierten Pflanze abreißen und vergraben.

Holzterrarium mit nach oben hochziehbaren Plexiglasscheiben, geeignet für Arten, die nicht graben.

Bei Paarungsterrarien ist in der Mitte eine Trennwand aus Drahtgaze, Glas oder Kunstglas anzubringen, die erst dann entfernt wird, wenn man nach einigen Tagen der Eingewöhnung die Tiere zusammenbringen will. Dabei darf man sie nicht unbeobachtet lassen und muß sie sofort trennen, wenn sie sich nicht vertragen.

Auf keinen Fall ist eine Bodenheizung angebracht, weil sie den Boden zu sehr austrocknet und damit ein Mikroklima schafft, das den Tieren nicht guttut.

Eine Ecke des Käfigs sollte mit Rinde, Bambusrohr und Erde bestückt werden oder einen hölzernen Unterschlupf mit einem Loch enthalten, in den sich die Spinne zurückziehen kann. Für röhrenbewohnende Arten muß das Terrarium mindestens 15 cm hoch mit lockerer Erde gefüllt werden, damit sich die Spinne darin vergraben kann. Viele Arten nehmen ohne weiteres vorfabrizierte Röhren an. Abzulehnen ist die Haltung auf dem blanken Terrarienboden.

Will man die Lebensweise der Tiere besser beobachten, so bietet man ihnen in Längsrichtung halbierte Röhren an, die so plaziert werden, daß sie direkt an die Glaswand des Terrariums geklebt werden. Wenn man Glück hat und das Terrarium schön dunkel hält, spinnt das Tier die der Röhre anliegende Glaswand nicht allzudicht zu, so daß man ihm z. B. bei der Eikokonherstellung zuschauen kann.

Das Erdreich muß mit dem Röhrenausgang abschließen. Als Bodenbedeckung eignet sich auch Torf oder grober Sand bzw. eine Mischung aus Torf und Sand. Völlig ungeeignet ist feiner Sand. Ich habe damit einmal den Tod einer ceylonesischen Art herbeigeführt. Feiner Sand bleibt überall an den Haaren insbesondere der Beine haften und setzt die dort befindlichen Sinnesorgane außer Funktion. Durch zu feuchte Erde oder feuchtes Moos kommt es bisweilen zu unerwünschter Milben- und/oder Pilzvermehrung, was den Terrarienbewohnern gefährlich werden kann. Insbesondere während der Zeit zwischen Eiablage und Schlüpfen der Jungen hat sich die Haltung auf sterilisierter künstlicher Gartenerde erfolgreich bewährt.

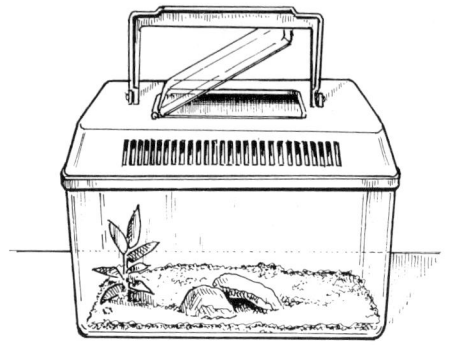

Tragbares Plexiglas-Terrarium mit in den Deckel eingelassener Öffnung. Geeignet für kleinere Arten oder Jungspinnen.

Wenn die Weibchen ihren Eikokon hergestellt haben, sorge man dafür, daß der Teil des Terrariums, der nicht als Unterschlupf dient, am Morgen einige Zeit direkter Sonnenbestrahlung oder dem Licht einer Leuchtröhre mit UV-Anteil ausgesetzt wird, denn viele Arten verlassen um diese Zeit ihren Schlupfwinkel mit dem Eierkokon, um ihn zu sonnen. An trockenen und heißen Tagen nimmt die Mutter den Kokon in die Chelizeren und befeuchtet oder badet ihn. Manchmal hält sie ihn auch nur über die Wasserschale. An feuchten Tagen (bei Freilandhaltung im Sommer) schleppt sie ihn in ein trockenes Versteck.

Vogelspinnen baden an heißen Tagen gern, indem sie Cephalothorax und Beine in das Wassergefäß eintauchen. BÜCHERL schreibt, daß sie sich an heißen, trockenen Tagen auch „begeistert" unter die „Dusche" aus einer Injektionsspritze stellen.

Eine gründliche Reinigung der Terrarien erfolgt nur alle sechs bis zwölf Monate. Eine Ausnahme bilden die Glasscheiben, die häufiger von Spinnstoff zu säubern sind.

Da immer wieder danach gefragt wird, welches die größten und schwersten Vogelspinnen sind, seien diese hier aufgeführt: *Theraphosa leblondi:* bis 135 g, bis 11 cm Körperlänge; *Pamphobeteus antinous:* 90 g, 10 cm; *Lasiodora klugii, Acanthoscurria atrox, Citharischius crawshayi:* 10 cm; *Hysterocrates hercules, Xenesthis monstrosa, Megaphobema robusta:* 9 cm (Größenangaben ohne Beine, Chelizeren und Spinnwarzen).

Baumbewohner

Die baumbewohnenden Arten (Avicularinae) kommen am besten in ein Turmterrarium oder eine Voliere, die mit Maschendraht abgedichtet werden muß. Man stellt darin einen Ast mit Zweigen und Blättern auf oder pflanzt − noch besser − einen kleinen Baum oder Strauch mit immergrünen Blättern. Die Spinnen klettern darin herum und spinnen mehrere Blätter in luftiger Höhe zusammen, steigen in diesen provisorischen Bau und spinnen ihn von innen dicht zu einem Nest zu, in dem sich alle wichtigen biologischen Vorgänge, wie Häutung, Spermaaufnahme, Eikokonherstellung und Brutpflege abspielen. Die Avicularinen sind von Natur aus meist zahm und lassen sich anfassen.

Hält man die Terrarien kurz vor der Häutung etwas heller, so wird das Nest um so dichter zugesponnen. Avicularinen, denen man keine Klettermöglichkeiten bietet, bauen sich ihr Nest an der Terrariumdecke oder zwischen Decke und Terrarienwand. Der beste Gradmesser dafür, ob sich die Vogelspinnen wohlfühlen, ist der Verlauf der Häu-

Terrarium für baumbewohnende Arten. Das Drahtgeflecht muß so feinmaschig sein, daß keine Beutetiere entweichen können, also etwa 2 × 2 mm.

tungen. Nur bei optimal gehaltenen Tieren kommt es dabei nicht zu Pannen mit Mißbildungen oder gar Todesfällen.

Fütterung

Die Fütterung macht im allgemeinen keine Schwierigkeiten. Die meisten Vogelspinnen lassen sich mit Mehlwürmern, Heuschrekken, Grillen, Heimchen, anderen großen Insekten und unbehaarten (neugeborenen) Mäusen ernähren. Auch rohes Fleisch wird oft angenommen. Mitunter kommt es danach allerdings zu spontanen Häutungen aufgrund der Vorbehandlung der Schlachttiere mit Chemikalien, die bei Spinnen wie das Häutungshormon Ekdyson wirken. (KRISTEK, unveröffentlichte Mitteilung). Erwachsene und meist auch schon zweijährige Vogelspinnen kann man ausschließlich mit kleinen Mäusen füttern. Davon reichen sechs bis acht für ein ganzes Jahr. An so einer Beute fressen die Spinnen zehn bis 20 Stunden lang. Mehr als zwei bis drei große Insekten pro Woche sind auch bei ausgewachsenen Arten selten erforderlich. Nicht gefressene tote Beutetiere und Nahrungsreste sind zur Vermeidung von Krankheiten zu entfernen, da sie einen idealen Nährboden für deren Erreger, vor allem Pilze und Bakterien, bilden. Das geschieht, wenn sich die Spinne im Bau bzw. im Nest befindet. Anfänger machen mitunter den Fehler, satten oder vor der Häutung stehenden Spinnen Beutetiere ins Terrarium zu setzen. Das führt nur zu unnötiger Beunruhigung, schlimmstenfalls sogar dazu, daß die Vogelspinne angefressen wird und stirbt.

Zucht

Für nord- und mittelamerikanische Arten ist die beste Zeit für Zuchtversuche Anfang Herbst, für südamerikanische Arten das Frühjahr, generell vor allem die Zeit kurz nach der Häutung des Weibchens. Bei der Zucht ist das größte Problem, das Auffressen des Männchens durch das Weibchen zu verhindern. Das geschieht dadurch, daß man das Männchen vorsichtig an den Rand des Terrariums eines Weibchens setzt und beobachtet, ob es mit der Werbung beginnt. Nur dann kann man weiter zuwarten. Besser jedoch ist es, die Tiere vorher getrennt in ein

möglichst großes Paarungsterrarium zu setzen (s. o.).

Wenn sich das Männchen dem Weibchen nicht unter Zeichen sexueller Erregung nähert, wird es wieder in sein eigenes Terrarium zurückgesetzt. Andernfalls bleibt man dabei, um eventuell das Weibchen, sollte es sich trotz geschlechtlicher Reife auf das Männchen stürzen, zurückzuhalten.

„Duldet" das Weibchen die Werbung des Männchens und läßt sich betrillern, so darf man hoffen, daß es zur Kopulation kommt. Jetzt heißt es aufpassen, daß kein Unglück geschieht. Abgesehen von Aviculariinen, *Grammostola mollicoma, Euathlus smithi* und anderen Arten der Gattungen *Grammostola* und *Euathlus* kann man die Partner nach etwa zehn Minuten mit einer langen Pinzette trennen, indem man diese zwischen die beiden schiebt und das Männchen wieder in sein Terrarium bringt. Die bereits eingeführte Spermamenge reicht zur Befruchtung aus. Manche Vogelspinnenhalter setzen die Weibchen zum Männchen ins Terrarium, doch scheint das keine Vorteile zu bringen. Bisher gelang es, folgende Arten zu züchten: *Theraphosa leblondi, Euathlus smithi, E. albopilosus, E. mesomelas, E. vagans, Sphaerobothria hoffmanni, Grammostola iheringi, G. pulchripes, Phormictopus cancerides, Pamphobeteus roseus, Psalmopoeus cambridgei, Haplopelma albostriatum, Selenocosmia crassipes, Avicularia avicularia, A. metallica, Lasiodora parahybana, Stromatopelma griseipes, Ceratogyrus darlingii.*

Für Anfänger besonders geeignete Arten sind alle Aviculariinae, *Euathlus*-Arten, ferner *Eupalaestrus tenuitarsus,* von der ihr Entdecker BÜCHERL schreibt, sie würde sich selbst im Urwald mit bloßen Händen einfangen lassen, ohne sich zur Wehr zu setzen. Auch die anderen vier *Eupalaestrus*-Arten sind sehr empfehlenswert. Weiterhin sind alle *Grammostola*-Arten relativ zahm – trotz ihrer imponierenden Größe. BÜCHERL weist darauf hin, daß sie schon nach wenigen Tagen die Wärme der menschlichen Hand nicht mehr missen möchten. Sie umklammern den Handrücken und lassen sich kaum abschütteln. Das gilt ebenso für *Phrixotrichus roseus*.

Aufzucht der Jungtiere

Es ist gar nicht so einfach, frisch geschlüpfte Jungspinnen groß zu bekommen. Zunächst müssen sie, nachdem sie den Eierkokon verlassen haben, einzeln in Glasröhren gesetzt werden, deren Boden mit Watte gefüllt wird und die oben einen Gazeverschluß erhalten. Für die nötige Luftfeuchtigkeit sorgt man durch Wassertropfen, die mittels einer Injektionskanüle auf den Watteboden gespritzt werden. Man kann die Jungspinnen etwa ein halbes Jahr lang mit jungen Grillen oder stummelflügeligen Essigfliegen (Drosophila) füttern. Wenn sie etwa 1,5 cm Körperlänge erreicht haben, gibt man zunächst Stuben-, dann Schmeißfliegen. Spätestens zu diesem Zeitpunkt sollten die Jungspinnen eine größere Behausung bekommen. Über die Beschaffung und Zucht der genannten Futtertiere unterrichtet das Lehrmeister-Buch von Johannes JAHN „Lebendfutter für Aquarien- und Terrarientiere sowie Vögel".

Pamphobeteus roseus z. B. hat nach zweieinhalb Jahren eine Spannweite von 15 cm erreicht und nimmt dann die übliche Insektennahrung, aber auch schon nackte Mäuse und rohes Fleisch.

Was man mit ihnen machen kann

Was kann man nun mit Vogelspinnen alles machen? Zunächst ist allein die Beobachtung ihrer Lebensweise (Wohnröhren- bzw. Nestbau, Beutefang, Häutung, Paarung, Kokonherstellung, Brutpflege) schon anregend genug. Jede Vogelspinne ist ein Individuum, keine zwei gleichen sich im Wesen und Charakter. Es gibt ruhige und temperamentvolle Exemplare in ein und derselben Art. Man kann z. B. den baumbewohnenden Arten beim schnellen Klettern zuschauen, kann den Beutefang betrachten, kann sehen, wie sie von Ast zu Ast springen und im Gleitflug mit ausgebreiteten Beinen auf den Terrarienboden fliegen. Hätten sie damit allein nicht schon den Namen „Vogelspinnen" verdient?

Außerdem kann man züchten und die Lebensgeschichte seiner Tiere anhand der gesammelten Häute, die mit Datum versehen auf festes Papier geklebt werden, dokumentieren. Und schließlich kann man die Vogelspinnen versuchen ein wenig zu dressieren, so daß sie fingerzahm werden oder z. B. auf Zuruf kommen, um ihren Leckerbissen aus der Hand in Empfang zu nehmen. Wer sich viel mit seinen Tieren beschäftigt, wird bald merken, zu welch erstaunlichen Formen einer einfachen Kommunikation sie fähig sind. Sie werden zutraulich und lernen sogar ihren Pfleger bzw. dessen Stimme und Hand kennen. Ich erlebte einmal, wie eine dressierte Vogelspinne auf Kommando zu ihrem

„Herrchen" kam, sich vor ihm auf den Rücken legte und von ihm kraulen ließ. Dann bekam sie eine neugeborene Maus und zog wieder ab in ihren Käfig.

Vogelspinnen hebt man aus dem Terrarium, indem man sie seitlich am Cephalothorax zwischen dem Ansatz des 2. und 3. Beinpaares mit Daumen und Zeigefinger anfaßt. Man vermeide, sie von Kleidern und Anzügen mit Gewalt abzureißen, weil das zu Verletzungen der Tiere (z. B. Verlust von Beinen) führen könnte. Fällt eine der relativ schweren erdbewohnenden Arten aus größerer Höhe zu Boden, so ist sie meist nicht mehr zu retten.

Um die Tiere an die Hand ihres Pflegers zu gewöhnen, nähert man sich ihnen langsam und läßt sie „freiwillig" daraufklettern. Wenn so etwas bei einer aggressiven Art, wie *Phormictopus cancerides,* gelingt, kann der Halter mit Recht stolz sein. Als ich bei einem Besuch in Gainesville (Florida) den Spinnenforscher Prof. WHITCOMB eine riesige und uralte *Rhechosticta* anfassen und aus dem Terrarium nehmen sah, bat ich ihn, auch mir das Tier zu überlassen. Er meinte daraufhin, er habe nicht so sehr Angst um mich, als um die Spinne, daß ich sie durch eine Ungeschicklichkeit zu Boden fallen lassen könnte. Aber die Veteranin fühlte sich bei mir genauso gut aufgehoben wie bei ihm. Das ist bei Vogelspinnen nicht immer so. Manchmal fühlen sie sich bei einem Menschen wohler als bei einem anderen, mag das nun an der Hauttemperatur oder an der Hautfeuchtigkeit liegen oder an anderen Faktoren.

Die Beschäftigung mit den Vogelspinnen ist keine Modeerscheinung der Neuzeit. Es gab schon vor ca. hundert Jahren Indianerstämme in Südamerika, bei denen die Kinder große Exemplare an der Leine mit sich führten wie kleine Hunde. Das berichtete bereits 1863 der berühmte Brasilienforscher BATES und das gibt es dort auch heute noch.

Obwohl alle Vogelspinnen nächtliche Jäger sind, lassen sie sich in Gefangenschaft schnell umstellen und nehmen am hellen Tage Nahrung zu sich. Sie öffnen auch bei Käfighaltung weitaus früher als in freier Wildbahn ihren Bau, wenn sie den Eierkokon hergestellt haben. Vielleicht spüren sie instinktiv, daß keine Gefahr droht. So kann man sie bei der Brutpflege gut beobachten.

Der Verfasser kann sich gut vorstellen, daß der Leser jetzt darauf wartet, die Fähigkeiten seines Tieres auszuprobieren. Vielleicht fallen ihm dabei selbst weitere Möglichkeiten ein. Auch das Fernsehen liefert bisweilen Anregungen. Es ist aber sicherlich nicht alles, was dort einem staunenden Publikum geboten wird, nachahmenswert. So würde ich nicht empfehlen, einen *Euathlus smithi* dazu zu bringen, daß er seinem Pfleger in den Mund krabbelt, sich dort einspeicheln läßt und ihn schließlich pudelnaß wieder rückwärts verläßt. Nur wenn man sich intensiv mit seinem Tier beschäftigt, wird es einem auch viel Freude bereiten. Das ist bei Vogelspinnen nicht anders als bei Goldhamstern. Tiere, die als erstes zischen, wenn man sich dem Terrarium nähert, mögen zwar einem Fremden Respekt einflößen, sind aber kein Renommée für den Pfleger.

Abschließend sei nicht verschwiegen, daß es bisweilen Probleme mit der Haltung von Vogelspinnen in Mietwohnungen seitens des Vermieters, der Nachbarn oder sogar der Polizei bzw. Ordnungsbehörde geben kann, die zum Teil aus der schon oben erwähnten angeblichen Gefährlichkeit dieser Tiere resultieren. Insbesondere die Polizeiverordnungen der einzelnen Bundesländer sind zu beachten.

Ist im Mietvertrag oder in der Hausordnung jegliche Tierhaltung ausgeschlossen, so muß hierauf verzichtet werden. Man sollte also grundsätzlich, sofern man Vogelspinnen halten will, derartige Mietverträge nicht abschließen und unterzeichnen. Verbietet der Mietvertrag die Tierhaltung „grundsätzlich", so sind dagegen in Käfigen, Volieren und Terrarien bzw. Aquarien gehaltene Tiere, also auch Vogelspinnen, gestattet. Nach dem Ordnungswidrigkeitengesetz handelt ordnungswidrig, wer es als Verantwortlicher unterläßt, die nötigen Vorsichtsmaßnahmen zu treffen, um Schäden durch das Tier zu verhüten. Schon ein unkontrolliertes Offenstehenlassen des Terrariums wäre strafbar, da allein die Möglichkeit einer Gefährdung entscheidend ist. In einer ländergesetzlichen Verordnung über das Halten gefährlicher Tiere heißt es: „Wer zu nichtgewerblichen Zwecken ein Tier einer gefährlichen Art halten will, bedarf der Erlaubnis des Bezirksamtes, in dessen Bereich das Tier gehalten werden soll".

Ordnungswidrigkeiten können mit bis zu 10 000 DM Buße geahndet werden. Vogelspinnenkäfige sind auch durch Vorhängeschlösser zu sichern. Zu deren Schlüssel dürfen Kinder und Unbefugte keine Zugangsmöglichkeit haben.

Im Gesetz über Naturschutz und Landschaftspflege des Landes Schleswig-Holstein z. B. steht: „Die private Haltung von Tieren fremder wildlebender Arten, die Menschen in freier Wildbahn lebensgefährlich werden können, ist unzulässig." In einem behördeninternen Vermerk der zuständigen Abteilung werden u. a. folgende gefährliche Tierarten aufgelistet: Tropische Giftspinnen und giftige Skorpione. Vogelspinnen gelten in verschiedenen Bundesländern leider immer noch als „gefährliche" Tiere.

Die Berliner Behörden behalten sich vor, zur Gefahrenabwehr ordnungsbehördliche Maßnahmen anzuordnen, also schlimmstenfalls die Beschlagnahme der Tiere. Das klingt alles recht juristisch und zum Teil auch realitätsfern. Aber es sind Fälle bekanntgeworden, in denen ein Vogelspinnenzüchter polizeilich gezwungen wurde, alle seine Lieblinge von heute auf morgen abzuschaffen, obgleich er Gutachten von Fachleuten, u. a. von einem Zoodirektor, vorlegte, die eindeutig feststellten, daß es sich bei den Vogelspinnen um für den Menschen ungefährliche Tiere handelt.

Solche Entgleisungen der Ordnungsmacht sollen uns die Freude an der Haltung von Vogelspinnen aber nicht vergällen. Man sollte jedoch gewappnet sein, falls es doch einmal zu gesetzwidrigen Übergriffen von Behörden kommt.

Euathlus smithi ist besonders geschützt. Bei Ankauf und Abgabe dieser Art ist eine Original-Cites-Bescheinigung als Begleitpapier vorgeschrieben.

Feinde und Krankheiten

Vogelspinnen sind trotz ihrer Größe und Wehrhaftigkeit vielen Feinden und Gefahren ausgesetzt. Aus einem Kokon mit 400 Jungspinnen kommen nur zwei oder drei Weibchen und vier bis sechs Männchen zur Fortpflanzung. Alle anderen fallen ungünstigen Witterungsbedingungen, Feinden, aber auch mißglückten Häutungen zum Opfer.

Von den Freßfeinden müssen an erster Stelle andere Spinnen, ja gar nicht selten die eigenen Artgenossen, genannt werden. Weitere wichtige natürliche Regulatoren sind Kröten, Eidechsen, Geckos, Spitzmäuse, Vögel, vor allem in der Brutpflegeperiode, und Insekten. Weg-, Schlupf- sowie Grabwespen sind oft auf bestimmte Arten spezialisiert. Sie benötigen sie zur Brutpflege.

Wegwespen der Gattung *Pepsis* z. B., die mit einer Körperlänge von 8 cm und einer Flügelspannweite von 10 cm zu den größten Hautflüglern gehören, greifen nur jeweils eine bestimmte Vogelspinnenart an, die sich ohne Gegenwehr leicht überwältigen läßt. Setzt man so eine Wespe in Gefangenschaft zu einer anderen Vogelspinnenart, wird sie oftmals von der Spinne gefressen. Die Wegwespen erkennen die richtige Beute am Geruch. Jede Vogelspinnenart duftet anders. Nach der Identifizierung wird der lähmende Stich angebracht. Oft ist die Lähmung unvollständig. Wenn man die Spinne berührt, steigt ihr Puls an. Dann braucht die Wespe die Spinne nur noch fortzuschleppen, um ihr im Bau ein Ei an den Körper zu heften, aus dem sich die Larve entwickelt, die die Vogelspinne bei lebendigem Leibe ausfrißt und sich dann verpuppt.

Milben, die mit Terrarienerde eingeschleppt werden, können mitunter sehr lästig werden und die Vogelspinnen schädigen. Hier hilft nur gründliche Desinfektion der Terrarien und Sterilisieren der eingestreuten Erde.

Schlupfwespen legen ihre Eier ebenfalls an Spinnen und deren Kokons ab. Die Larven bleiben entweder außen an der Spinne sitzen und saugen ihr langsam die Hämolymphe aus, bis das Wirtstier stirbt, oder sie schmarotzen an den Eiern innerhalb des Kokons. Auch bestimmte Fliegenlarven (z. B. von Asiliden, Chloropiden, Sarcophagiden) wurden als Eiparasiten festgestellt. Würmer, vor allem Nematoden, fand man ebenfalls als Spinnenparasiten. Bakterien sind selten, um so häufiger sind Rickettsien und verschiedene Viren. Die Rolle von Pilzen haben wir schon bei der Schilderung des Lebensabends einer Vogelspinne kennengelernt. Sie scheinen auch bei jüngeren Vogelspinnen von Bedeutung zu sein. So war der „Tumor" auf dem Abdomen eines dieser Tiere, den ich untersuchte, völlig vom Myzel mit Sporangien eines Pilzes (Familie Mucoraceae) durchzogen.

Wenn es bei der Häutung zu Zwischenfällen kommt, indem die neue Haut einreißt, kann man das Verbluten oft dadurch verhindern, daß man Vaseline auf die Rißstelle aufträgt. Pilzkrankheiten können mit antimykotischen Salben behandelt werden. Viele Krankheiten lassen sich vermeiden, wenn man rechtzeitig auf die ersten Symptome achtet. Ständige Futterverweigerung kann ihre Ursache darin haben, daß die Tiere zu kalt gehalten werden. Ein verschrumpelter Hinterleib deutet auf Austrocknung, die man durch richtige Luftfeuchtigkeit und Trinkwasserangebot beheben kann. Meine im Lehrmeister-Buch Nr. 108 beschriebene „Alkoholkur" hat bei Vogelspinnen nicht immer Erfolg. Vor allem dichtbehaarte Baumbewohner sollten dieser Prozedur nie unterzogen werden.

Es soll aber nicht verschwiegen werden, daß wir die Ursachen einer ganzen Reihe von Vogelspinnenkrankheiten nicht kennen, und leider sind auch keine Behandlungsmethoden bekannt, die Erfolg versprechen. Es muß ausdrücklich davor gewarnt werden, bei unklaren Fällen Versuche mit Antibiotika durchzuführen. Erfahrungsgemäß schädigt man die Spinnen damit nur zusätzlich.

Spezieller Teil

Einleitung

Hat man eine Vogelspinne erworben, so möchte man natürlich gern wissen, um welche Art es sich handelt. In vielen Fällen kann der Zoohändler alle gewünschten Auskünfte erteilen, in einigen jedoch nicht. Was den Besitzer eines solchen Tieres am meisten interessiert, ist die richtige Haltung und Pflege, und ohne die Kenntnis, ob es sich um eine erd- oder baumbewohnende Art handelt, kann er viel falsch machen. Er wird sich z. B. wundern, daß eine Vogelspinne die ihr angebotene Wohnröhre nicht annimmt. Das kann natürlich seinen Grund darin haben, daß der Liebhaber, ohne es zu wissen, eine baumbewohnende Art gekauft hat. Daher soll als erstes ein Bestimmungsschlüssel folgen, der bis zur Unterfamilie bzw. Gruppe führt (s. S. 59). Die einzelnen Gattungen werden dann später behandelt.

Die Bestimmung von Spinnen setzt im allgemeinen reife Männchen und/oder Weibchen voraus. Das gilt selbstverständlich auch für Vogelspinnen. Ebenso steht fest, daß man derartige Bestimmungen häufig an toten Tieren vornimmt. Bei den Vogelspinnen liegt insofern ein Glücksfall vor, als man bei den Weibchen nicht warten muß, bis sie gestorben sind, sondern auf die abgeworfene Haut, die sogenannte Exuvie, zurückgreifen kann. Denn kein Vogelspinnenliebhaber wird seine Tiere zu Bestimmungszwecken töten.

Da manche Organe bei unreifen Weibchen nicht voll entwickelt sind − z. B. Stri-dulationsborsten − braucht man zur Artbestimmung die Haut eines **reifen** Weibchens. Beim Männchen benötigt man für die Gattungsbestimmung den reifen Taster. Wenn z. B. ein Männchen nach der Kopulation vom Weibchen getötet wird, sollte man es schnellstens in 70 %igen Alkohol legen, um es später untersuchen zu können. Reife Männchen leben, wie schon erwähnt, ohnehin maximal etwa drei Jahre. Man kann also auf ihren biologisch bedingten natürlichen Tod geradezu warten.

Die Gliederung der Vogelspinnensystematik ist noch im vollen Fluß. Der eine Autor stellt diese, der andere jene Gattung in eine bestimmte Gruppe oder Unterfamilie. So erscheint die südamerikanische Gattung *Ephebopus* bei ROEWER in der Unterfamilie Eumenophorinae, die den SIMON'schen Phoneyuseae weitgehend entspricht, bei BÜCHERL dagegen in der Unterfamilie Selenocosmiinae. RAVEN stellt sie zu den Theraphosinae. Für den Vogelspinnenliebhaber ist das ziemlich belanglos. Die Hauptsache ist, er kann einen Schlüssel benutzen, der einigermaßen sicher zum Ziel führt. Die Bestimmung von Vogelspinnen ist leider nur in den seltensten Fällen allein nach Fotos möglich. Das liegt z. T. daran, daß sich viele Arten sehr ähnlich sehen und daß ein und dieselbe Art in Färbung und Zeichnung variieren kann. Schon die Jungen, die aus **einem** Kokon schlüpfen, entwickeln im Laufe ihres Lebens oft die unterschiedlichsten Farb- und

Foto 19   *Nhandu carapoensis* (Brasilien)

Foto 20   *Lampropelma violaceopedes* (Burma, Thailand)

Foto 21   *Avicularia avicularia* (Brasilien)

Foto 22   *Grammostola iheringii* (Brasilien) bei der Paarung

Foto 23   *Acanthoscurria juruenicola* (Brasilien)

Foto 24   *Pamphobeteus sorocabae* (Brasilien)

Foto 25 *Phormictopus cancerides* (Karibische Inseln)

Foto 26 *Theraphosa leblondi* (Brasilien, Venezuela, Guayana)

Foto 27 *Acanthoscurria atrox* (Brasilien)

Foto 28 *Pamphobeteus roseus* (Brasilien)

Foto 29 *Cyriopagopus spec.* (Ornithoctoninae), Thailand

Foto 30 *Avicularia metallica* (Brasilien, Surinam)

Zeichnungsmuster. Außerdem weisen Jungtiere häufig ganz andere Färbungen und Zeichnungen als erwachsene Exemplare auf (z. B. bei *Avicularia*).

Die Auflistung des Vorkommens von Vogelspinnen in den verschiedenen Ländern erlaubt lediglich eine vorläufige Determination. Sie kann aber in Verbindung mit den Bestimmungsschlüsseln die spätere exakte Zuordnung bis zur Gattung und eventuell sogar bis zur Art erheblich erleichtern, zumal das Literaturverzeichnis die wichtigsten Arbeiten zur Artbestimmung aufführt.

An Hilfsmitteln werden für das Bestimmen benötigt: Ein Mikroskop mit etwa 100facher Vergrößerung oder eine Stereolupe bzw. ein Binokular. Letzteres sollte mehrere Objektive haben, damit man z. B. eine 30- und 60fache Vergrößerung benutzen kann. Weiter braucht man eine Pinzette und zwei Präpariernadeln, Fließpapier zur schnellen Trocknung von Tieren, die in Alkohol gelagert waren und nicht zuletzt zum Konservieren 70 %igen Alkohol. So ausgerüstet, kann es ans Bestimmen gehen.

Wie geht man nun beim Bestimmen vor? Am einfachsten ist es, zunächst einmal festzustellen, welche Vogelspinnenarten in dem Land vorkommen, aus dem die zu bestimmende Spezies stammt. Das ist bei manchen Ländern recht einfach. Hat man eine Art aus Portugal, dann kann es eigentlich nur *Ischnocolus holosericus* oder *I. valentinus* sein. Denn mehr Arten leben dort nicht. Schwieriger wird es schon in Südamerika, weil dort noch viele Gegenden im Hinblick auf Vogelspinnen unerforscht sind. Wenn aus Peru beispielsweise nur sieben Arten bekannt sind, bedeutet das noch lange nicht, daß dort auch

nur sieben Arten vorkommen. Immerhin sollte man anhand der Bestimmungsschlüssel klären, ob eine der sechs Gattungen, die man von dort kennt, vorliegt, wenn man mit Sicherheit weiß, daß das beteffende Tier wirklich aus Peru stammt.

Andererseits braucht man bei australischen Vogelspinnen z. B. die Ischnocolinae, Ornithoctoninae, Theraphosinae, Aviculariinae, Eumenophorinae, Thrigmopoeinae und Harpactirinae überhaupt nicht zu berücksichtigen, da sie keine Vertreter im fünften Erdteil haben.

In Mittelamerika mit seinen vielen Kleinstaaten kann man sich nicht darauf verlassen, daß eine Spezies, die für Honduras angegeben ist, nicht auch in Costa Rica, Panama oder gar Mexiko vorkommt. Und besonders kritisch wird es, wenn Arten aus Ländern, in denen Ausfuhrverbote herrschen, in andere geschmuggelt werden, von denen aus sie legal exportiert werden dürfen. Aber auch hier braucht man nicht sämtliche Bestimmungsschlüssel durchzugehen, sondern kann sich auf die Ischnocolinae, Grammostoleae, Theraphoseae und Aviculariinae beschränken. Der erfahrene Vogelspinnenliebhaber weiß im übrigen schon beim ersten Anblick, ob es sich um eine erd- oder baumbewohnende Art handelt, der Anfänger merkt es dann, wenn sein Tier beispielsweise am Terrariendeckel ein dichtes Gespinst baut, statt in die ihm angebotene Röhre zu steigen. Dann nämlich kann es sich nur um eine baumbewohnende Art handeln, und die gibt es nur in der Unterfamilie Aviculariinae und in der Gattung *Poecilotheria*.

Das meiste, was man bei der Bestimmung benötigt, kann man ohne Schwierigkeiten mit der Lupe bzw. mit dem Binokular sehen (Scopula, Augenstellung und -größe, Bestachelung der Beine, Verlauf des Thoraxritzes, Form des männlichen Tasters). Schwieriger ist die Erkennung der Stridulationsorgane und der Spermatheken. Hier kommt man nicht umhin, die tote Spinne bzw. ihre abgelegte Haut zu sezieren.

Zum Studium der Stridulationsorgane, die auf Chelizeren bzw. Coxen oder Trochanteren der Taster oder Beine des ersten Paares angeordnet sind, müssen die Chelizeren so gebogen werden, daß man ihre retrolaterale Seite, die also den Maxillen zugekehrt ist, in ihrer ganzen Länge deutlich sehen kann. Dann werden die Maxillen bzw. die ganzen Palpen vorsichtig abgetrennt, wobei man insbesondere bei Exuvien darauf achten muß, daß nichts abbricht. Ebenso wird anschließend mit dem ersten Bein verfahren. Diese Glieder werden dann unter der Stereolupe oder dem Mikroskop untersucht.

Um die Vulva mit den Receptacula seminis untersuchen zu können, ohne die eine Artbestimmung in manchen Fällen überhaupt nicht möglich ist, muß mit einer Rasierklinge ein Schnitt von der Mitte der Epigastralfurche in Richtung der Abdomenbasis von etwa 2 mm Länge − je nach Größe der Art − geführt werden. Auf diese Weise bleibt die Vulva unverletzt. Das freigelegte Gewebsstück wird dann mit der Rasierklinge vom Abdomen entfernt und einige Stunden in Nelkenöl, verdünnte Trypsinlösung oder verdünnte Kalilauge gelegt, um das Präparat aufzuhellen bzw. die Weichteile zu entfernen.

Anfänger sollten aus Vorsichtsgründen lieber einen zu dicken als einen zu dünnen Gewebsblock herausschneiden. In letzterem Fall ist nicht auszuschließen, daß Teile der Genitalien zerstört wurden. Auch bei Exuvien empfiehlt es sich, zur besseren Erkennung der Feinstrukturen der Receptacula seminis, das Präparat für einige Zeit aufzuhellen. Dann wird es auf einen Objektträger gelegt, gegebenenfalls − bei sehr abstehenden Spermatheken − mit Glasringen unterschiedlicher Dicke umrandet, in Polyvinyllaktophenol eingebettet, mit einem Deckglas bedeckt und einige Tage auf einem Heizkörper bei mäßiger Temperatur getrocknet. Die Objektträger werden beschriftet und in Präparatemappen, die meist für 20 Mikropräparate vorgesehen sind, aufbewahrt. Die Mappen werden mit derselben Codenummer wie die Präparate gekennzeichnet (vergl. auch LB Nr. 108). Wichtig ist, daß die Präparate horizontal liegen.

Bereits aus dem Inhaltsverzeichnis ist zu ersehen, daß man die Vogelspinnen in acht Unterfamilien einteilt. Zwei dieser Unterfamilien werden in je zwei Gruppen aufgegliedert. Das hier verwendete System ist das von ROEWER (1942), ergänzt von BRIGNOLI (1983). Die Revision von RAVEN (1985) wurde weitgehend berücksichtigt. Um einen ungefähren Überblick über die Größe der Unterfamilien zu geben, folgt eine Aufstellung der Anzahl der Gattungen und Arten, die ROEWER angibt. Zusätzlich wird die Anzahl der Gattungen und Arten Südamerikas aufgeführt (nach BÜCHERL 1962).

Zählt man diese Arten zusammen, so kommt man auf 638. BRIGNOLI (1983) führt weitere 119 Arten in seinem Katalog auf, so daß man heute von 757 publizierten Spezies ausgehen kann. Da immer wieder neue Arten entdeckt werden, haben wir in Übereinstimmung mit FOELIX die Zahl der Vogelspinnenarten mit 800 angegeben.

Ein Problem muß noch erwähnt werden, weil es sich sehr störend bemerkbar machen kann. Es könnte z. B. sein, daß manch einer „seine" Gattung überhaupt nicht aufgeführt findet, auch nicht im speziellen Teil. Das liegt dann daran, daß sie ihm unter einem Synonym verkauft wurde, das heute nicht mehr gültig ist. Als Beispiel nenne ich die Gattung *Crypsidromus*. Das ist der gültige Name. Vielfach aber werden Tiere dieser Gattung unter der ungültigen Bezeichnung *Metriopelma* angeboten. Die wichtigsten Synonyma werden im Anschluß an den Bestimmungsschlüssel genannt.

Unterfamilien	Gattungen		Arten	
	weltweit	Südamerika	weltweit	Südamerika
Ischnocolinae	45	35	159	90
Grammostolinae	14	11	92	36
Theraphosinae	12	10	104	110
Aviculariinae	8	4	56	42
Eumenophorinae	19	2	60	3
Selenocosmiinae	17	–	138	–
Ornithoctoninae	10	–	23	–

Vorkommen von Vogelspinnen in den verschiedenen Ländern

EUROPA

Italien: Ischnocolus triangulifer
Spanien: Ischnocolus andalusicus, I. holosericus, I. valentinus
Portugal: Ischnocolus holosericus, I. valentinus

AFRIKA

Ägypten: Chaetopelma olivaceum, C. aegyptiacum, C. shabati
Marokko: Ischnocolus maroccanus, I. mogadorensis, I. numidus
Algerien: Ischnocolus algericus, I. fuscostriatus, I. maroccanus, I. numidus
Tunesien: Ischnocolus algericus, I. fuscostriatus, I. tunetanus
Libyen: Ischnocolus tripolitanus
Äthiopien: Ischnocolus fasciculatus. I. jickelii, Loxoptygus coturnatus, L. ectypus, L. erlangeri, Pterinochilus brunelli
Somalia: Harpactira tigrina, Pterinochilus raptor
Insel Sokotra: Monocentropus balfouri
Kenia: Citharischius crawshayi, Eucratoscelus longipes, Harpactina tigrina, Phoneyusa bettoni, P. gregorii, Pterinochilus hindei, P. murinus, P. sjöstedti
Tansania: Citharischius crawshayi, Heterothele spinipes, H. villosella, Loxomphalia rubida (Sansibar), Phoneyusa celeripes, Pterinochilus affinis, P. carnivorus, P. constrictus, P. hindei, P. widenmanni
Rwanda: Phoneyusa lesserti
Uganda: Citharischius crawshayi
Ostafrika: Chaetopelma olivacea, Phoneyusa rufa, Pterinochilus mamillatus, Pterinochilus vorax

Mozambique: Ceratogyrus brachycephalus, C. darlingii, C. bechuanicus
Madagaskar: Encyocrates raffrayi, Monocentropus lambertoni, Phoneyusa bouvieri
Zentralafrikanische Republik, Zentralafrika: Phoneyusa belandana, P. lesseti, P. spinifer (?)
Zaire: Heterothele affinis, Hysterocrates severini, Phoneyusa bidentata ituriensis, P. cultridens, P. giltayi, P. pococki, Pterinochilus mutus, P. obenbergeri, P. occidentalis, Stromatopelma satanas, S. straeleni, Heterothele latithorax
Kongo: Heterothele decemnotata, H. honesta, Heteroscodra latithorax, Hysterocrates greshoffi, Phoneyusa antilope, P. bidentata, P. elephantiasis, P. gracilipes, P. umangiana, Pterinochilus simoni, Stromatopelma batesi, S. satanas
Angola: Ceratogyrus brachycephalus
Gabun: Heterothele atropha, H. gabonensis, Hysterocrates robustus, Myostola gabonica, M. occidentalis, Phoneyusa büttneri, Pterinochilus simoni
São Tomé: Hysterocrates apostolicus, H. didymus, H. scepticus
Principe: Phoneyusa manicata, P. principia
Kamerun: Encyocrates crinitus, Euphrictus spinosus, Heteroscodra crassipes, Hysterocrates affinis, H. angusticeps, H. crassipes, H. gigas, H. greeffi, H. haasi, H. lativeps, H. maximus, H. minimus, H. ochraceus, H. o. congonus, H. robustus, H. r. sulcifer, H. spellenbergi, H. weileri, Ischnocolus tomentosus, Myostola occidentalis, Phoneyusa bidentata, Stromatopelma calceata, Stromatopelma fumigata, S. pachypoda

Nigeria: Hysterocrates hercules, Phoneyusa belandana, Stromatopelma brachypoda

Goldküste: Heteroscodra maculata, Hysterocrates hercules

Togo: Heteroscodra maculata

Ghana: Stromatopelma calceata

Elfenbeinküste: Selenogyrus africanus

Liberia: Stromatopelma brachypoda

Sierra Leone: Eumenophorus clementsii, Selenogyrus aureus, S. coeruleus, Stromatopelma griseipes

Guinea: Hysterocrates gigas (Span. Guinea), Phoneyusa rutilata

Westafrika: Citharischius stridulantissimus, Hysterocrates vosseleri (Angola?), Phoneyusa chevalieri, Selenogyrus africanus, Selenogyrus brunneus, Stromatopelma calceata

Zimbabwe: Ceratogyrus bechuanicus, C. brachycephalus, C. darlingii, C. dolichocephalus, C. marshalli, Coelogenium pillansi, Pterinochilus meridionalis

Botswana: Ceratogyrus schultzei

Namibia: Ceratogyrus sanderi, Harpactira namaquensis, H. tigrina, Pterinochilus crassipina

Südafrika: Ceratogyrus bechuanicus, C. brachycephalus, C. darlingii, C. marshalli, Harpactira atra, H. baviana, H. cafrefiana, H. chrysogaster, H. curator, H. curvipes, H. dictator, H. gigas, H. guttata, H. hamiltoni, H. lineata, H. lyrata, H. marksi, H. namaquensis, H. pulchripes, H. tigrina, Phoneyusa mutica, Pterinochilus breyeri, P. crassipina, P. junodi, P. lugardi, P. nigrofulvus, P. pluridentatus, P. schönlandi

Seychellen: Chaetopelma gardinieri, Nesiergus halophilus, N. insulanus

ASIEN

Zypern: Chaetopelma aegyptiacum, C. olivaceum (?), Cratorrhagus concolor, Ischnocolus gracilis

Syrien: Chaetopelma aegyptiacum, C. olivaceum, Cratorrhagus concolor, C. tetramerus, Ischnocolus syriacus

Libanon: Chaetopelma olivaceum

Saudiarabien: Chaetopelma arabica

Jemen: Chaetopelma adenense, Monocentropus longimanus

Iran: Chaetopelma arabica

Pakistan: Chilobrachys andersoni, C. thorelli, Lyrognathus saltator, Selenocosmia kulluensis, S. pritami

Indien: Annandaliella pectinifera, A. travancorica, Chilobrachys assamensis, C. femoralis, C. fimbriatus, C. flavopilosus, C. fumosus, C. hardwickii, C. stridulans, C. thorelli, Coriocnemis validus (?), Haploclastus cervinus, H. himalayaensis, H. kayi, H. nilgirinus, H. robustus, H. satyanus, H. tenebrosus, H. validus, Ischnocolus decoratus, I. khasiensis, Lyrognathus crotalus, L. pugnax, L. saltator, Ornithoctonus gadgili, Plesiophrictus bhori, P. blatteri, P. collinus, P. fabrei, P. linteatus, P. madraspatanus, P. mahabaleshwari, P. meghalayaensis, P. millardi, P. milleti, P. raja, P. satarensis, P. sericeus, Poecilotheria formosa, P. metallica, P. miranda, P. regalis, P. rufilata, P. striata, P. vitatta (?), Selenocosmia himalayana, S. sutherlandi, S. pritami, Thrigmopoeus insignis, T. truculentus

China: Chilobrachys tschankoensis (weitere Arten noch nicht determiniert)

Taiwan: „Yamia" watesei

Burma: Chilobrachys andersoni, C. bicolor, C. brevipes, C. flavopilosus, C. oculatus, C. pococki, C. sericeus, C. soricinus, Cyriopagopus paganus, Haplopelma minax, H. albostriata, Ornithoctonus andersoni, Phlogiellus brevipes, P. ornatus, Selenocosmia fuliginea, S. orophila

Thailand: Chilobrachys paviei, Cyriopagopus thorelli, Haplopelma albostriata, H. minax, H. salangensis (Insel Linnuan), ca. 6 Phlogiellus sp.

Sri Lanka: Chilobrachys nitellinus, Plesiophrictus tenuipes, Poecilotheria bara, P. fasciata, P. ornata, P. subfusca, P. uniformis, P. vittata (?)

Nikobaren: Phlogiellus inermis, P. subarmatus, Selenocosmia javanensis

Vietnam: Chilobrachys discolus

„Indochina": Phlogiellus subinermis

Malaysia: Chilobrachys annandalei, C. andersoni, Coremiocnemis cunicularius (Penang), C. validus, Cyriopagopus schiödtei (Penang), C. thorelli, Lampropelma violaceopedes, Selenocosmia javanensis, S. tahanensis

Djampea: Selenocosmia insulana

Indonesien: Citharognathus hosei (Borneo), Haplopelma doriae (Borneo), Lampropelma nigerrium (Sangir bei Sulawesi), Phlogiellus subarmatus, P. asper (Java), P. atriceps (Java), P. inermis (Java, Sumatra, Lombok, Sumbawa), Phormingochilus everetti (Borneo), P. fuchsi, P. tigrinus (Borneo), Selenocosmia aruana (Aru-Inseln), S. deliana (Sumatra), S. effera (Halmahera), S. hasselti (Sumatra), S. hirtipes (Molukken), S. imbellis (Borneo), S. insignis (Sumatra), S. javanensis (Sumatra, Java, Sulawesi, Simalur), S. j. brachyplectra (Java), S. j. dolichoplectra (Java), S. j. sumatrana (Sumatra), S. lyra (Sumatra), S. obscura (Borneo). S. raciborskii (Java), S. strubelli (Java, Molukken)

Singapur: Coremiocnemis validus, Haplopelma robustum, Lampropelma violaceopedes, Phlogiellus inermis, Selenocosmia tahanensis

Philippinen: Chilobrachys samarae, Cyriopagopus dromeus, Orphnaecus pellitus, Phlogiellus baeri, P. insularis, P. mutus

Karolinen, Marianen: Plesiophrictus senffti

AUSTRALIEN

(aus tiergeographischen Gründen wird Neuguinea hier mit aufgeführt)

St. Cruz: Phlogiellus nebulosus

Neuguinea: Phlogiellus bicolor (Neu-Pommern, Bismarck-Archipel), P. lucubrans, Selenocosmia compta, S. crassipes, S. hirtipes, S. honesta, S. strubelli, S. valida

Australien: Phlogiellus lucubrans, Selenocosmia crassipes, S. stalkeri, S. stirlingi, S. strenua, S. subvulpina, S. vulpina, Selenostholus foelschei, Selenotypus plumipes

AMERIKA

a) Nordamerika:

Vereinigte Staaten: Avicularia californica, Phormictopus platus, Rhechosticta anax, R. angusi, R. apacheum, R. armada, R. aureoceps, R. baergi, R. behlei, R. brunnia, R. californica, R. chalcodes, R. clara, R. coloradana, R. cratia, R. cryptethus, R. echina, R. eutylena, R. harlingena, R.

helluo, R. hentzi, R. heterops, R. jodia, R. leiogaster, R. lithodoma, R. marxi, R. melania, R. moderata, R. nevadana, R. orthonops, R. phanus, R. phasma, R. pseudorosea, R. radina, R. reversa, R. rileyi, R. rustica, R. seemanni, R. simulata, R. steindachneri, R. texensis, R. vorhiesi, R. wacona, R. wichitana, R. zionis, Tapinauchenius coerulescens, T. texensis

Mexiko: Citharacanthus longipes, Crypsidromus breyeri, Cyclosternum obscurum, Cyrtopholis pernix, Euathlus emilia, E. pallidus, E. smithi, E. vagans, Hemirrhagus cervinus, H. ochriventris, Paraphysa manicata, Rhechosticta caniceps, R. chalcodes, R. crinita, R. duplex, R. epicureana, R. eustathes, R. geotoma, R. grisea, R. hageni, R. helluo, R. hespera, R. marxi, R. nayaritum, R. panamense, R. prosoica, R. ruedana, R. rustica, R. seemanni, R. serrata, R. steindachneri, R. stoica, R. tamaulipeca, R. truncata, Schizopelma bicarinatum, S. macropus, Spelopema elliotti, S. grieta, S. mitchelli, S. nahuanum, S. puebla, S. reddelli, S. stygium

b) Mittelamerika und Karibik

Guatemala: Acanthopelma rufescens, Citharacanthus longipes, Cyrtopholis sargi, Euathlus albopilosus, E. sabulosus, E. vagans, Rhechosticta panamense, R. seemanni, Schizopelma masculina, Stichoplastus spinulosus

El Salvador: Cyrtopholis angustatus, C. longistylus, C. schusterae, Rhechosticta seemanni

Honduras: Euathlus albopilosus, Mygalarachne brevipes, Phormictopus sp.

Nikaragua: Rhechosticta lanceolata, R. latens, R. seemanni, Mygalarachne sp.

Costa Rica: Acanthopelma rufescens, Citharacanthus crinirufus, C. longipes, C. sclerothrix, Crypsidromus coloratus, C. drymusetes, C. morosus, C. zebratus, Cyclosternum fasciatum, C. stylipus, S. viridimontis, Euathlus albopilosus, E. angustus, E. fossorius, E. mesomelas, E. vagans, Hapalopus pentaloris, Ischnocolus schoenmakeri, Mygalarachne dota, M. ferruginea, M. generala, M. immensa, M. melanotarsa, M. silvicola, M. upala, Psalmopeus reduncus, Rhechosticta burica, R. seemanni, R. xanthochroma, Schizopelma bicarinatum, Spaerobothria hoffmanni, Stichoplastus asterix, S. denticulatus, S. elusinus, S. obelix

Panama: Avicularia glauca, Crypsidormus panamanus, C. parvior, Euathlus emilia, Mygalarachne commune, M. rubronitens, Psalmopoeus intermedius, P. pulcher, P. rufus, Rhechosticta balboana, R. consocia, R. embrithes, R. panamense, Xenesthis immanis

Bahamas: Acanthopelma maculatum, Cyrtopholis bonhotei

Kuba: Citharacanthus longipes niger, C. spinicrus (?), Cyclosternum ischnocoliforme, C. majum, Cyrtopolis anacantus, C. debilis, C. d. bispinosa, C. gibbosus, C. innoncus, C. plumosus, C. respinus, C. unispinus, „Eurypelma" hirsutum, Ischnocolus denticularis, Phormictopus cancerides, P. c. circumfocensis, P. cubensis, P. nesiotes, Stichoplastus obsoletus

Haiti: Citharacantus spinicrus (?), Holothele sericea, Pamphobeteus nigricolor, Phormictopus cancerides

55

Jamaika: Cyrtopholis jamaicola

Puerto Rico: Avicularia caesia, A. laeta, Cyrtopholis portoricae, Ischnocolus culebrae, Stichoplastus culebrae

Dominikanische Republik (San Domingo): Cyrtopholis agilis, C. cursor

Guadelupe, Martinique: Avicularia versicolor

Barbados: Cyrtopholis annectans

Trinidad: Avicularia avicularia, A. velutina, Crypsidromus trinitatis, C. t. pauciaculeis, Cyriocosmus elegans, C. semifasciatus, Hapalopus incei, Phormictopus meloderma, Psalmopoeus cambridgei, Stichoplastus sanguiniceps, Tapinauchenius plumipes

Antigua: Cyrtopholis bartholomei

St. Thomas: Cyrtopholis bartholomei, Ischnocolus schoenmakeri

St. Lucia: Acanthoscurria antillensis

Montserrat: Cyrtopholis femoralis

St. Vincent: Acanthoscurria antillensis, Tapinauchenius sanctivincentii

Dominica: Acanthoscurria antillensis

St.-Kitts-Inseln: Cyrtopholis medius

Kleine Antillen (allgemein): Acanthoscurria antillensis

Antillen (allgemein): Cyrtopholis bartholomei, C. femoralis, C. medius, Theraphosa leblondi (?)

Westindische Inseln (allgemein): Phormictopus cancerides, Psalmopoeus affinis

c) Südamerika

Kolumbien: Avicularia magdalenae, A. rutilans, Euathlus vagans, Hapalopus formosus, Holothele modesta, Homoeomma strabo, Ischnocolus obscurus (?), Megaphobema robusta, Pamphobeteus ferox, P. fortis, P. insignis, P. nigricolor, P. orna-

tus, Psalmopoeus emeraldus, P. plantaris, Rhechosticta marxi, Xenesthis immanis, X. monstrosa

Ekuador: Crypsidromus velox, Cyclosternum gaujoni, C. schmardae, Dryptopelma janthinum, Ephebopus fossor, Pamphobeteus augusti, P. nigricolor, P. vespertinus, Psalmopoeus ecclesiasticus, Rhechosticta aberrans, Xenesthis immanis

Peru: Hapalopus pictus, Hemirrhagus major, H. peruvianus, Pamphobeteus antinous, Paraphysa manicata, Phrixotrichus roseus (auratus), Rhechosticta aymarum

Bolivien: Acanthoscurria gigantea, A. insubtilis, A. musculosa, Avicularia soratae, Crypsidromus bolivianus, C. familiaris, Cyriocosmus elegans, Cyrtopholis lycosoides, Grammostola gossei (?), G. monticola, Hapalotremus albipes, Paraphysa aculeata, Pamphobeteus antinous, P. nigricolor

Chile: Grammostola cala, G. gossei (?), G. spatulata, Lasiodora porteri, „Pachypelma" oculatum, Paraphysa manicata, Phrixotrichus roseus (auratus), P. parvulus, Rhechosticta aberrans, R. affine, R. seemanni (?)

Venezuela: Avicularia minatrix, A. velutina, Ceropelma gertschi, Chaetopelma longipes, Crypsidromus tetricus, C. familiaris, Cyclosternum kochi, C. longipes, C. rufohirtum, Cyriocosmus elegans, C. nigriventris, C. planus, Dryptopelma chickeringi, Hapalopus triseriatus, Holothele cervina, H. inflata, H. kastoni, H. lineata, H. ludwigi, H. recta, Mygalarachne striata, Ozopactus ernsti, Phormictopus hirsutus, Rhechosticta cyanopubescens, Stichoplastus ravidus, S. variegatus, Tapinauchenius latipes, Theraphosa leblondi, Xenesthis immanis, X. intermedius

Guyana: Acanthopelma beccarii, Acanthoscurria minor, Avicularia avicularia, A. nigrotaeniata, Holothele mutilata, Pachistopelma concolor, Rhechosticta guyana, Theraphosa leblondi

Französisch-Guayana: Hapalopus guianensis, Tapinauchenius gigas, Theraphosa leblondi

Surinam: Avicularia deborii, A. exilis, A. metallica, A. surinamensis, Rhechosticta pedata, Tapinauchenius plumipes, Theraphosa leblondi

Paraguay: Acanthoscurria musculosa, Eupalaestrus campestratus, Hapalopus semiaurantiacum, H. versicolor, Grammostola grandicola, G. pulchripes, Rhechosticta borellii, R. vitiosum

Uruguay: Acanthoscurria suina, Ceropelma longisternalis, Citharacanthus myodes, Grammostola alticeps, G. mollicoma, G. pulchra, G. pulchripes, G. roquettii, Homoeomma uruguayensis, Ischnocolus alticeps, Lasiodora saeva, Rheochosticta anthracinum, „R." saltator, R. tigrina, R. vitiosa

Argentinien: Acanthoscurria chacoana, A. cordubensis, A. sternalis, Ceropelma longisternalis, Crypsidromus morenii, Cyrtopholis lycosoides, Dryptopelma crassifemur, Grammostola argentinensis, G. burzaquensis, G. chalcothrix, G. ferruginea (?), G. gossei, G. grandicola, G. inermis, G. mollicoma, G. pulchripes, G. spatulata, G. vachoni, Hapalopus versicolor, Heterothele caudicula (Fundort fraglich, Patagonien?), Homoeomma elegans, H. uruguayensis, Lasiodora weijenber-

ghii, Oligoxystre argentinensis, Paraphysa manicata, Phromictopus australis, Phrixotrichus roseus, Rhechosticta mendozae, R. minax, „R." saltator, R. vitiosa

Brasilien: Acanthoscurria aurita, A. atrox, A. brocklehursti, A. chiracantha, A. convexa, A. cristata, A. cunhae, A. cursor, A. dubia, A. ferina, A. fracta, A. geniculata, A. guaxupe, A. gomesiana, A. juruenicola, A. melanotheria, A. musculosa, A. natalensis, A. palmicola, A. parahybana, A. parvitarsis, A. paulensis, A. pugnax, A. rhodothele, A. rondoniae, A. rufa, A. sternalis, A. suina, A. tarda, A. theraphosoides, A. transamazonica, A. urens, A. violacea, A. xinguensis, Avicularia ancylochira, A. avicularia, A. a. variegata, A. bicegoi, A. cuminami, A. detrita, A. fasciculata, A. f. clara, A. juruensis, A. laeta, A. leporina, A. pulchra, A. seladonia, A. taunayi, A. walckenaeri, A. zarodes, Ceropelma insulare, Citharacanthus myodes, Crypsidromus auronitens, C. fallax, C. isabellinus, C. pantherinus, C. sternalis, Cyclosternum bicolor, C. garbei, C. janeirum, C. obesum, C. schmardae, C. symmetricum, Cyriocosmus elegans, C. sellatus, Cyrtopholis meridionalis, C. palmarum, C. zorodes, Dryptopelma hirsutum, D. minense, D. nubilum, D. physopum, D. rondoni, Ephebopus murinus, E. violaceus, Euathlus truculentus (?), Eupalaestrus pugilator, E. spinosissimus, E. tarsicrassus, E. tenuitarsus, Grammostola actaeon, C. alticeps, G. brevimetatarsis, G. fasciata, G. ferruginea, G. gigantea, G. grandicola, G. iheringii, G. mollicoma, G. pulchra, G. pulchripes, G. roquettei, Hapalopus flavohirtus (nach

GERSCHMAN und SCHIAPELLI, 1970 zu Ceropelma), H. nondescriptus, H. rectimanus, H. semiaurantiacum, H. tripeppi, H. versicolor, Hapalotremus cyclothorax, H. longibulbi, Holothele proxima, Homoeomma brasilianum, H. familiare, H. humile, H. montanum, H. nigrum, H. simoni, H. strabo, H. stradlingi, H. villosum, Iridopelma hirsutum, Ischnocolus doleschalli, Lasiodora acanthognatha, L. citharacantha, L. cryptostigma, L. curtior, L. differens, L. difficilis, L. dolichosterna, L. dulcicola, L. erythrocithara, L. fracta, L. itabunae, L. klugii, L. lakoi, L. mariannae, L. parahybana, L. pleoplectra, L. spinipes, L. striatipes, L. subcanens, Megaphobema robusta, Mygalarachne fallax, Oligoxystre auratus, O. mimeticus, Ozopactus ernsti, Pachisto-

pelma rufonigrum, Pamphobeteus anomalus, P. benedeni, P. cesteri, P. communis, P. cucullatus, P. exsul, P. holophoeus, P. insularis, P. litoralis, P. masculus, P. melanocephalus, P. nigricolor, P. piracicabensis, P. platyomma, P. rondoniensis, P. roseus, P. sorocabae, P. tetracanthus, Phormictopus brasiliensis, P. multicuspidatus, P. pheopygus, P. ribeiroi, Rhechosticta dubia, R. imperatrix, R. ochracea, R. rubropilosa, R. vellutina, R. wacketi, Stichoplastus anomalus, Theraphosa leblondi

Südamerika: Acanthoscurria maga, Avicularia holbergi, A. subvulpina, Phormictopus cancerides tenuispina, P. cautus, Rhechosticta lamperti, R. rapax, Tapinauchenius grossus

Bestimmungsschlüssel für die Gruppen der Vogelspinnen

(modifiziert nach SIMON und RAVEN)

1. Cheliceren außen mit kurzer, dicker Scopula 2
 – Cheliceren außen ohne Scopula, höchstens mit einfachen kurzen oder längeren Haaren 3
2. Hintere Sternalsigillen am Rand gelegen. Stridulationsstäbchen auf den Coxen der Taster, Streichzapfen auf den Cheliceren (Abb. 204, 205). Keine „Schaufel"- oder „Paddel"-Borsten außen an den Cheliceren. Vorderbeintibien der Männchen mit langem und spitzem Sporn, Clypeus breit
 . . . . **Harpactirinae** (S. 103)
 – Hintere Sternalsigillen vom Sternumrand entfernt. Stridulationsstäbchen in Form gekrümmter Schaufelborsten auf der Außenseite der Cheliceren gelegen, Streichzapfen prolateral auf der Tastercoxa in Form von Dornen (Abb. 208, 209). Vorderbeintibien der Männchen mit apikal sehr stumpfem kurzem Sporn . . **Ornithoctonineae** (S. 105)
3. Stridulationsorgan zwischen Cheliceren und Coxen der Taster gelegen 4
 – Stridulationsorgan entweder nicht vorhanden oder auf den Coxen bzw. Trochanteren der Taster und des 1. Beinpaares gelegen. Nur bei *Psalmopoeus* (Aviculariinae) sitzen die Stridulationsstäbchen, einer Lyra ähnelnd, auf der Innenseite der Coxen der Taster nahe der Basis (Abb. 192) 6
4. Stridulationsstäbchen auf den Cheliceren gelegen. Cheliceren außen basal mit Gruppe kurzer modifizierter Borsten. Tastercoxen prolateral mit zahlreichen

horizontal diffus liegenden Dornborsten oder Dornborstengruppen einen Bogen bildend.
 . . . . . . **Thrigmopoeinae** (S. 108)
 – Stridulationsstäbchen auf den Coxen der Taster, eine Lyra bildend, Streichzapfen auf den Cheliceren 5
5. Thoraxgrube meistens procurv (nur bei *Selenostholus* recurv), Tarsen der Beine apikal stumpf eiförmig verschmälert. Tarsalscopula der Hinterfüße durch eine Reihe hervorstehender Haare in der Mitte geteilt (nur bei *Selenocosmia javanensis* und einigen anderen großen Arten ist die Scopula ungeteilt). Maxillen prolateral mit deutlichem Feld von stabförmigen Borsten, eine Lyra bildend (Abb. 197, 198, 201, 202)
 . . . . . . **Selenocosmieae** (S. 100)
 – Thoraxgrube fast gerade. Tarsen der Beine apikal nicht verschmälert. Tarsalscopula aller Beine ungeteilt. Zwischen den prolateral auf den Maxillen gelegenen Borsten der Lyra einzelne stumpfe, dicke, nagelartige Borsten
 . . . . . . **Poecilotherieae** (S. 103)
6. Beine stachellos oder nur an den Metatarsen mit kleinen Apikalstacheln . . 7
 – Beine, vor allem Hinterbeine, mit vielen Stacheln 8
7. Coxen des 1. und manchmal des 2. Beinpaares mit einem Stridulationsorgan, das oberhalb der Sutur liegt, bestehend aus ein oder zwei langen horizontalen Schaufelborsten oder langen nagelartigen Borsten (Spikes), Streichzapfen auf der Tastercoxa. Coxen und Trochante-

ren der Taster mit langen gebogenen Fiederhaaren am oberen Rand (Abb. 193, 194). Tarsen der Beine dünner als die Metatarsen, apikal stumpf verschmälert. Thoraxgrube meistens procurv
. . . . . **Eumenophorinae** (S. 97)

— Coxen des 1. Beinpaares ohne Stridulationsorgan. Coxen und Trochanteren der Taster ohne lange gebogene Fiederhaare. Tarsen der Beine dicker als die Metatarsen, apikal nicht verschmälert und gerade endend. Thoraxgrube groß, transversal . . . **Aviculariinae** (S. 93)

8. Tarsalscopula, vor allem der Hinterbeine, durch eine Reihe von längeren Haaren oder kurzen Borsten *(Acanthopelmak)* längsgeteilt. Kein Stridulationsorgan vorhanden oder selten (z. B. bei *Cyrtopholis*) auf den Trochanteren des 1. Beinpaares, Streichzapfen auf den Tastertrochanteren **Ischnocolinae** (S. 62)

— Alle Tarsalscopulae ungeteilt bzw. wenn geteilt, dann nicht durch Haare oder Borsten, Tarsen der Beine dünner als Metatarsen 9

9. Femora des 4. Beinpaares an der Retrolateralseite ohne Scopula (samtartiges Polster aus kurzen Haaren), nur mit längeren dünnen vorragenden Haaren besetzt. Kein Stridulationsorgan vorhanden oder sehr selten, z. B. bei *Grammostola* Streichzapfen auf der Coxa der Taster gelegen, Stridulationsstäbchen auf der Coxa des 1. Beinpaares. Tibia der Vorderbeine beim Männchen mit deut-

licher zweisporiger Apophyse . . . . .
. . . . . . **Grammostoleae** (S. 79)

— Femora des 4. Beinpaares an der Retrolateralseite mit Scopula (dickes, samtartiges Polster aus kurzen Haaren, nur bei *Mygalarachne brevipes* schwach entwikkelt) . . . . . **Theraphoseae** (S. 84)

10. Kein Stridulationsorgan vorhanden oder auf der Coxa des 1. Beinpaares oberhalb der Sutur gelegen. Hintere Sternalsigillen vom Rande des Sternums nicht weiter als um den Durchmesser eines Sigillums entfernt. Tibia des Männchens mit zweisporiger Apophyse (ohne Apophyse nur bei *Nhandu* und *Mygalarachne)* . . . . **Lasiodorini** (S. 88)

— Stridulationsorgan auf den Coxen und Trochanteren des 1. Beinpaares oder den Trochanteren der Taster und des 1. Beinpaares gelegen (Abb. 147) . . . .
. . . . **Theraphosini** (S. 85)

Zu den baumbewohnenden Vogelspinnen gehören alle Aviculariinae, also vor allem Angehörige der Gattungen *Avicularia, Tapinauchenius, Psalmopoeus, Pachystopelma, Stromatopelma* und *Heteroscodra* sowie von den Selenocosmiinae die Gattung *Poecilotheria,* was bei der Haltung zu beachten ist.

Bei etwa 800 existierenden Vogelspinnenarten können wir natürlich im Rahmen dieser Einführung keine Beschreibung einzelner Spezies geben. Von den 82 Gattungen sollen vor allem diejenigen ausführlicher behandelt werden, die zur Zeit auf dem deutschen Markt angeboten werden.

Liste der wichtigsten Synonyma

(nach RAVEN)

Adranochelia = Cyclosternum
Ancylochiros = Avicularia
Anoploscelus = Phoneyusa
Aphantopelma = Thalerommata,
    gehört zu den Barychelidae
Aphonopelma = Rhechosticta
Ashantia = Harpactirella, ursprünglich von
    SIMON zu den Theraphosidae, später zu
    den Barychelidae gestellt, nach RAVEN
    mit Vorbehalt wieder als Theraphosidae
    gedeutet. Hier können wir RAVEN nicht
    folgen. Lebensweise und morphologi-
    sche Besonderheiten weisen die Gattung
    als zu den Barychelidae gehörend aus.
    Sie zählt zu den für den Menschen ge-
    fährlichen Spinnen.
Avicuscodra = Chaetopelma
Barropelma = Crypsidromus
Batesiella = Encyocrates
Brachypelma = Euathlus (RAVEN gibt als
    Verbreitung Brasilien an, während Bra-
    chypelma eine ausschließlich mittelame-
    rikanische Gattung ist.)
Butantania = Dryptopelma
Cenobiopelma = Oligoxystre
Chaetorhombus = Cyclosternum
Chaunopelma = Rhechosticta
Clavopelma = Rhechosticta
Cyclothoracoides = Hapalotremus
Davus = Cyclosternum
Delopelma = Rhechosticta
Dolichothele = Hapalotremus
Dryptopelmides = Holothele
Dryptopelmides rondoni = Dryptopelma
    rondoni
Dugesiella = Rhechosticta

Encyocratella = Chaetopelma
Erythropoicila = Cyriocosmus
Eurypelma = Avicularia. Eine Revision der
    alten Gattung Eurypelma existiert zur
    Zeit noch nicht.
Eurypelmella = Schizopelma
Euthycaelus = Holothele
Goniodontium = Hapalotremus
Gosipelma = Rhechosticta
Hapalopinus = Trichopelma, gehört zu den
    Barychelidae
Harpaxictis = Mygalarachne
Hemiercus = Holothele
Heterophrictus = Plesiophrictus
Idiothele = Pterinochilus
Ischnocolella = Plesiophrictus
Lasiopelma = Tapinauchenius
Leptofischelia = Trichopelma (Barycheli-
    dae)
Leptopelma = Ischnocolus (?)
Magulla = Cyclosternum
Melloleitaoina = Dryptopelma
Melognathus = Cyriopagopus
Melopoeus = Haplopelma
Metriopelma = Crypsidromus
Monocentropella = Citharischius
Neischnocolus = Crypsidromus
Neochilobrachys = Phlogiellus
Nhandu = Mygalarachne (Synonymie um-
    stritten, da Nhandu am apikalen Drittel
    des Metatarsus IV und am Femur sehr
    stark scopuliert ist, einen deutlichen Cly-
    peus aufweist und eine nicht durch Haa-
    re geteilte Scopula am Tarsus IV besitzt).
Pelinobius = Phoneyusa
Phlogiodes = Haploclastus
Plesiopelma = Citharacanthus
Proshapalopus = Stichoplastus
Pseudhapalopus = Paraphysa

Pterinochilides = Pterinochilus

Pterinopelma = Rhechosticta (P. saltator gehört einer anderen Gattung an; RAVEN gibt als Verbreitung Nord- und Mittelamerika an, während sechs von sieben „Pterinopelma"-Arten in Südamerika leben.)

Schismatothele = Holothele

Scodra = Stromatopelma, von RAVEN zusammen mit Heteroscodra in die Unterfamilie Eumenophorinae gestellt.

Scopelobates = Holothele

Sericopelma = Mygalarachne (Synonymie umstritten, da Mygalarachne nur eine schwach entwickelte Scopula retrolateral an Femur IV aufweist).

Sickius = Hapalotremus

Sorata = Grammostola

Tmesiphantes = Dryptopelma

Trasyphoberus = Acanthoscurria

Zophopelma = Euphrictus

1. Ischnocolinae

Bestimmungsschlüssel für die Gattungen der Ischnocolinae

(nach RAVEN und GERSCHMAN & SCHIAPELLI)

1. Augen vorhanden 2
— Augen fehlend, Höhlenformen
 . . . . **Spelopelma**
2. Tarsalscopula an allen Beinen durch starre, dornartige Borsten geteilt, Beine mit langen dornartigen Borsten
 . . . . **Acanthopelma**
— Tarsalscopula ungeteilt oder durch normale Borsten geteilt 3
3. Augenfeld hinten breiter als vorn. Scopula der Vorderbeintarsen durch Borstenhaare geteilt 4
— Augenfeld vorn so breit wie hinten . 5
4. Coxen mit verlängertem Absatz hinten, Mittel- und Südamerika
 . . . . **Hemirrhagus**
— Coxen mit gerundeten, fast rechteckigen Ecken, Nordafrika und Syrien
 . . . . **Cratorrhagus**

5. Tarsen IV mit Pseudogelenken und gebogen 6
— Tarsen IV normal 9
6. Tibia I des Männchens mit Fortsatz, Guyana bis Venezuela . . . **Holothele**
— Tibia I des Männchens ohne Fortsatz
 7
7. Rechen prolateral an Cheliceren vorhanden, Kamerun, Kongo . **Euphrictus**
— Rechen nicht vorhanden 8
8. Hintere seitliche Spinnwarzen kurz; Tibia des männlichen Tasters mit s-förmigem Eindruck ventral
 . . . . **Ischnocolus** (teilweise)
— Hintere seitliche Spinnwarzen sehr lang, fast so lang wie das Abdomen, keine s-förmige Einbuchtung am männlichen Taster ventral, Tibia I ohne Stacheln, 3 Krallen an jedem Tarsus, Gabun bis Tansania (Patagonien?)
 . . . . **Heterothele**
9. Scopula der Tarsen II durch Borsten geteilt 10

— Scopula der Tarsen II ungeteilt (vergl. Ceropelma, Dryptopelma) 20

10. Embolus distal fadenförmig und ohne distale Kiele oder dem Embolus anliegenden Fortsatz 11

— Embolus breit, gekielt oder mit neben dem Embolus gelegenem Fortsatz, Südamerika 14

11. Tibia des männlichen Tasters ventral mit s-förmiger Depression, Mediterrangebiet, Nordafrika
. . . . **Ischnocolus** (teilweise)

— Ventrale Depression des männlichen Tasters nicht sigmoid 12

12. Unterer Tibialfortsatz des Männchens mit großem Dorn, Labium viel länger als breit, kaum bedornt, Südamerika
. . . . **Oligoxystre**

— Unterer Tibialfortsatz des Männchens mit kegelförmigen dornartigen Borsten
. . . . 13

13. Hintere Mittelaugen größer als hintere Seitenaugen. Mittelmeergebiet, Seychellen, Nordafrika, Kleinasien . . . . . .
. . . . **Chaetopelma**

— Hintere Mittelaugen kleiner als hintere Seitenaugen, Indien, Sri Lanka, Karolinen, Marianen . . . . **Plesiophrictus**

14. Fortsatz neben dem Embolus vorhanden, Scopula an Tarsus I ungeteilt
. . . . **Cyriocosmus**

— Fortsatz neben dem Embolus nicht vorhanden 15

15. Metatarsus I beim Männchen gekrümmt oder gebogen . . . . . **Hapalotremus**

— Metatasus I beim Männchen gerade
. . . . 16

16. Bulbus zum Embolusteil hin verengt und dann stark erweitert, basal mit fin-

gerförmiger Apophyse **Homoeomma**

— Bulbus verläuft gleichmäßig zur Embolusspitze ohne Einschnürung . . . 17

17. Tibialfortsatz nicht vorhanden, Tibia I ohne Stacheln . . . . . **Crypsidromus**

— Tibialfortsatz vorhanden 18

18. Bulbus distal breit, von der ersten Einschnürung sich kaum zuspitzend, Sternum kurz, gerundet, konvex
. . . . **Cyclosternum**

— Bulbus distal schmal 19

19. Metatarsus I des Männchens mit Fortsatz ventral an der Basis; Spermatheken mit 2 Hörnern, Scopula von Tarsus II geteilt oder ungeteilt . . **Ceropelma**

— Metatarsus I des Männchens ohne diesen basoventralen Fortsatz; Scopula von Tarsus II geteilt oder ungeteilt, Thoraxgrube ± stark procurv, Femur III verbreitert . . . **Dryptopelma** (teilweise)

20. Große Fiederhaare an Trochanter I vorhanden, Embolus distal breit, Tibialfortsatz des Männchens klein, Südamerika . . . . **Cyrtopholis**

— Fiederhaare fehlend oder keine großen am Trochanter I 21

21. Sternum und Maxillen erscheinen aufgebläht, Venezuela bis Brasilien
. . . . **Ozopactus**

— Sternum und Maxillen normal . . 22

22. Prolateralseite der Chelizeren oben mit großen klöppelförmigen Borsten, Westafrika . . . . **Selenogyrus**

— Prolateralseite der Chelizeren oben ohne derartige größere Borsten, Scopula des Tarsus IV durch einige Borsten geteilt 23

23. Nur 1 Tibialfortsatz beim Männchen; Clypeus breit und deutlich, Mexiko bis

Costa Rica . . . . . . **Schizopelma**
- Tibialfortsätze beim Männchen zweiteilig, Clypeus schmal oder fehlend . 24
24. Embolus schmal zugespitzt und ohne Kiele, Seychellen . . . . . **Nesiergus**
- Embolus breit und gekielt, Mittel- und Südamerika 25
25. Embolus fast bis zur Spitze breit, verbreitet sich wieder nach einer Einschnürung, Spermatheken ohne Hörner, Sternum lang . . . . **Hapalopus**
- Embolus von der Verbindung mit dem Bulbus an dünner 26
26. Kiele auf den distalen Teil des Embolus beschränkt . . . . . . **Stichoplastus**
- Kiele erstrecken sich über die volle Länge des Embolus, Tibia I mit 2 Stacheln, hintere Sternalsigillen vom Sternumrand gleich weit wie von der Mitte des Sternums entfernt
. . . . . . **Dryptopelma** (teilweise)

Mediterrane Arten

Diese größte Unterfamilie der Vogelspinnen (ca. 170 Spezies) ist die einzige, von der auch in Europa Vertreter vorkommen: drei spanische und eine sizilianische Art. Alle gehören zur Gattung *Ischnocolus* (Abb. 8–10). Im östlichen Mittelmeergebiet findet man Angehörige der Gattung *Cratorrhagus* (Abb. 11–14).

Alle Ischnocolinen sind erdbewohnende Vogelspinnen, die in Löchern, unter Steinen, Baumwurzeln und Sträuchern leben. Sie spinnen ihre Behausungen dicht mit weißem Gewebe aus. Da die meisten Gattungen zu den kleinen bis mittelgroßen Vogelspinnen gehören und nur Körperlängen von 2 bis 6 cm erreichen, sind sie im Zoohandel bis auf

Abb. 8 *Ischnocolus algericus* ♂, Tibia des 1. Beines von unten

Abb. 9 *Ischnocolus algericus* ♂, Taster

Abb. 10 *Ischnocolus*, Tarsus eines Beines von unten

Abb. 11 *Cratorrhagus concolor* ♂, Tibiaapophysen von innen

Abb. 12 *Cratorrhagus concolor* ♂, Ende des inneren Sporns (vergrößert)

Abb. 13 *Cratorrhagus concolor* ♂, Taster

Abb. 14 *Cratorrhagus concolor* Augenstellung

Foto 31
Citharischius crawshayi, (Kenia,
Tansania, Uganda)

Foto 32
Pterinochilus spec. (Südafrika)

Foto 33   *Ephebopus murinus* (Brasilien, Guayana)

Foto 34   „*Rhechostica*" *saltator* (Uruguay, Argentinien)

Foto 36 *Haplopelma albostriatum* (Burma)

Foto 35 *Pterinochilus murinus* (Kenia, Äquatorialafrika)

Foto 37 *Haplopelma minax* (Burma)

Foto 38 *Ceratogyrus bechuanicus* (Zimbabwe, Mozambique, Botswana, Südafrika)

wenige Arten nicht vertreten. Am ehesten werden noch südamerikanische Spezies eingeführt.

Die Gattung *Ischnocolus* enthält die kleinsten Vogelspinnen überhaupt. Manche Arten sind nur 1 cm groß. Sie ist, außer im Mittelmeergebiet, in Costa Rica, in der Karibik, in Indien, Äthiopien und Kamerun vertreten. Diese Tiere wurden erst im vergangenen Jahrhundert entdeckt, also wesentlich später als die südamerikanischen Vogelspinnen.

Amerikanische Arten

In Amerika leben ca. 115 Arten. Die Gattung *Spelopelma* ist mit sieben Arten in den Höhlen Mexikos vertreten. Alle sind blind (Abb. 15–22).

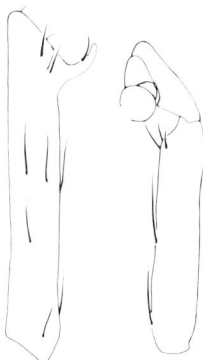

Abb. 15 *Spelopelma nahuanum* ♂, Taster des Männchens, Retrolateralansicht

Abb. 16 *Spelopelma nahuanum* ♂, Tibia des rechten Beines mit Apophysen, Prolateralansicht

Cyclosternum rufohirtum ist eine Spezies Venezuelas, andere *Cyclosternum*-Arten (Abb. 23–35) sind auf Kuba und in Mexiko,

Mittelamerika, in den Anden von Ekuador und Kolumbien, in Brasilien und in Paraguay verbreitet. *Cyclosternum fasciatum* wurde aus Costa Rica beschrieben, *Dryptopelma janthinum* (Abb. 36) in Ekuador (Quito) gefunden, *D. hirsutum* (Abb. 37) und *D. rondoni* in Brasilien, andere Arten in Venezuela (Abb. 38–45).

Die Gattung *Hapalopus* kommt in den Anden von Kolumbien und Peru sowie in Mittelamerika *(H. pentaloris)*, auf Trinidad, in Brasilien, Paraguay, Guayana und Venezuela vor. *H. formosus* (Abb. 46–48) lebt in der Umgebung von Bogota, *H. pictus* in Peru.

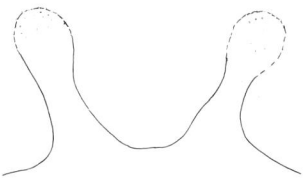

Abb. 17 *Spelopelma mitchelli* ♀, Epigyne, Dorsalansicht

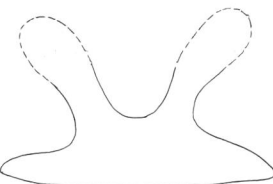

Abb. 18 *Spelopelma stygium* ♀, Epigyne, Dorsalansicht

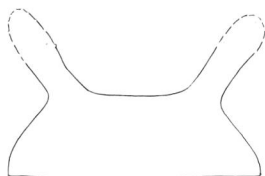

Abb. 19 *Spelopelma elliotti* ♀, Epigyne, Dorsalansicht

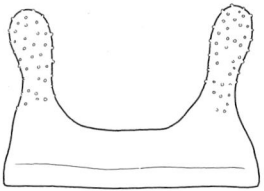

Abb. 20 *Spelopelma reddelli* ♀, Epigyne, Dorsalansicht

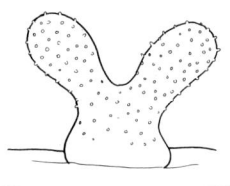

Abb. 21 *Spelopelma puebla* ♀, Epigyne, Dorsalansicht

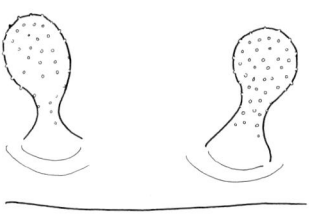

Abb. 22 *Spelopelma grieta* ♀, Epigyne, Dorsalansicht

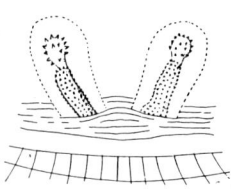

Abb. 23 *Cyclosternum obesum* ♀, Epigyne

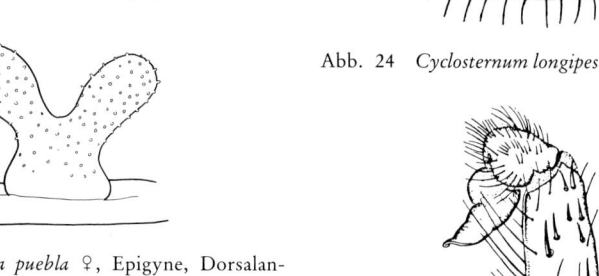

Abb. 24 *Cyclosternum longipes* ♀, Epigyne

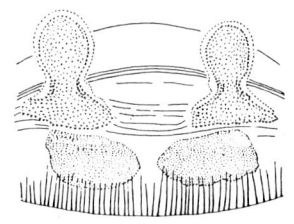

Abb. 25 *Cyclosternum schmardae* ♂, Taster

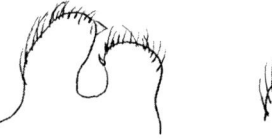

Abb. 26 *Cyclosternum schmardae* ♀, Epigyne

Abb. 27 *Cyclosternum schmardae* ♂, Tibiaapophysen

Abb. 28 *Cyclosternum kochi* ♂, Tibiaapophysen von unten

Abb. 29   *Cyclosternum kochi,*
Tarsus eines Beines von unten

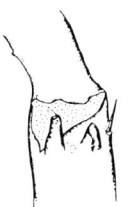

Abb. 33   *Cyclosternum rufohirtum* ♂,
Ende der Tibia und Anfang des Metatarsus I

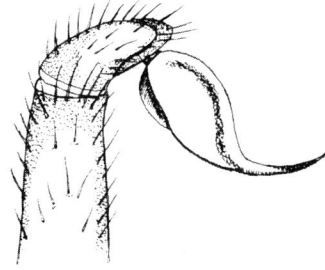

Abb. 34   *Cyclosternum symmetricum* ♂, Taster

Abb. 30   *Cyclosternum rufohirtum* ♂, Taster

Abb. 35   *Cyclosternum symmetricum* ♂,
Tibiaapophysen

Abb. 31   *Cyclosternum rufohirtum* ♂,
Ende der unteren Tibiaapophyse

Abb. 32   *Cyclosternum rufohirtum,*
Klauenbüschel am Tarsus

Abb. 36   *Dryptopelma janthinum* ♂,
Endglied des Tasters

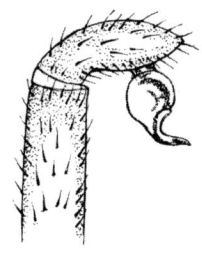

Abb. 37   *Dryptopelma hirsutum* ♂, Taster

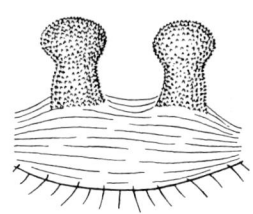

Abb. 40   *Dryptopelma nubilum* ♀, Epigyne

Abb. 38   *Dryptopelma nubilum* ♂, Taster

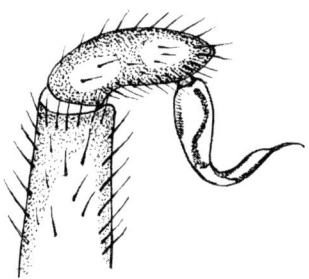

Abb. 41   *Dryptopelma minense* ♂, Taster

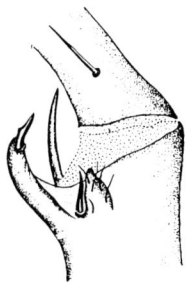

Abb. 39   *Dryptopelma nubilum* ♂, Ende der Tibia mit
Apophysen und Anfang des Metatarsus I

Abb. 42   *Dryptopelma minense* ♂, Tibiaapophysen

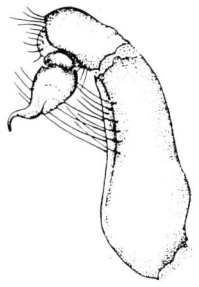

Abb. 46   *Hapalopus formosus* ♂, Taster von außen

Abb. 43   *Dryptopelma crassifemur* ♂, Taster

Abb. 47   *Hapalopus formosus* ♂,
Tibiaapophysen von unten

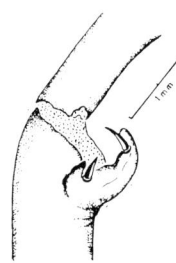

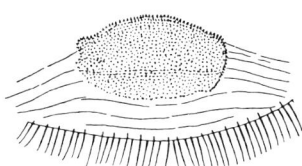

Abb. 44   *Dryptopelma crassifemur* ♂, Ende der Tibia
mit Apophysen und Anfang des Metatarsus I

Abb. 48   *Hapalopus formosus* ♀, Epigyne

Die Gattung *Oligoxystre* (Abb. 49–51) ist in Brasilien und Argentinien, die Gattung *Acanthopelma* in Guatemala, Costa Rica, Guayana und auf den Bahamas verbreitet. Die Gattung *Holothele* (Abb. 52) ist mit mehreren Arten in Südamerika, u. a. Kolumbien, Venezuela und Brasilien (São Paulo) vertreten. Hier sind selbst die Weibchen nur 2 cm lang. *Hapalotremus albipes* (Abb. 53–55) stammt aus dem bolivianischen Chaco, *H. cyclothorax* aus Brasilien.

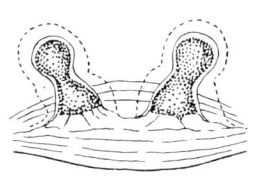

Hemirrhagus cervinus (Abb. 56) ist eine mexikanische Spezies. Zwei andere Arten

Abb. 45   *Dryptopelma crassifemur* ♀, Epigyne

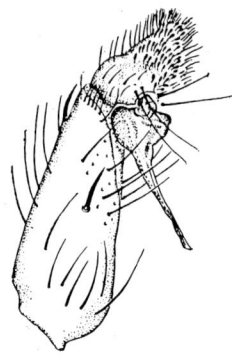

Abb. 49   *Oligoxystre argentinensis* ♂, Taster

Abb. 50   *Oligoxystre argentinensis* ♂, Tibiaapophysen

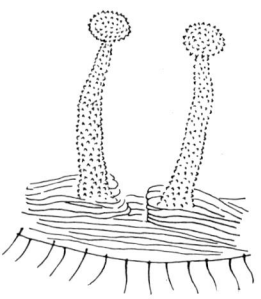

Abb. 51   *Oligoxystre argentinensis* ♀, Epigyne

Abb. 52   *Holothele inflata* ♂, Taster von außen

Abb. 53   *Hapalotremus albipes* ♂, Taster

Abb. 54   *Hapalotremus albipes* ♂, Bulbus
Abb. 55   *Hapalotremus albipes* ♂, Tibiaapophysen

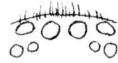

Abb. 56   *Hemirrhagus cervinus*, Augenstellung

dieses Genus leben in Peru. Die Gattung *Cyriocosmus* (Abb. 57–60) ist in fünf Arten im tropischen Südamerika und auf Trinidad vertreten, *Chaetopelma* (Abb. 61) vor allem in Venezuela, von wo auch eine *Stichoplastus*-Art stammt. Weitere fünf Arten leben in Guatemala, auf den karibischen Inseln und bei Rio de Janeiro.

Die Gattung *Cyrtopholis* (Abb. 62–79) weist bis zu 5 cm lange Arten auf und kommt u. a. in Mittelamerika, Brasilien und auf den Kleinen Antillen vor. *C. innoncus* ist eine kubanische Art, *C. cursor* (Abb. 64) und *C. agilis* findet man auf St. Domingo, *C. bonhotei* auf den Bahamas. Die Gattung *Cyrtopholis* ist die einzige unter den Ischnocolinen, bei der das Stridulationsorgan auf

dem Trochanter des Tasters sitzt. Bei Rio de Janeiro sammelte man *Homoeomma brasilianum* (Abb. 80, 81). Andere *Homoeomma*-Arten leben in Kolumbien, Argentinien und Uruguay (Abb. 82–96).

In Mexiko lebt *Schizopelma* mit mehreren Arten. *Sch. masculina* wurde aus Guatemala bekannt. *Heterothele caudicula* stammt aus dem Feuerland (Argentinien). Der Fundort wird von RAVEN angezweifelt.

Während die Mehrzahl der Ischnocolinae dunkel gefärbt ist und rötlich schimmernde Abdominalhaare aufweist, haben einige Angehörige der südamerikanischen Gattungen *Cyclosternum* und *Crypsidromus* (Abb. 97–100) auf der Oberseite des Abdomens rote, orangefarbige oder grüne Bänder.

Abb. 57 *Cyriocosmus sellatus* ♂, Taster von außen

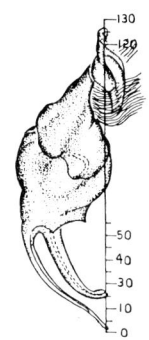

Abb. 58 *Cyriocosmus sellatus* ♂, Bulbus, Außenseite

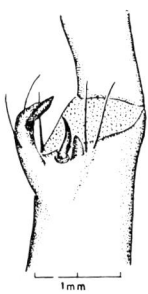

Abb. 59 *Cyriocosmus sellatus* ♂, Tibiaapophysen

Abb. 60 *Cyriocosmus sellatus* ♀, Epigyne

Abb. 61 *Chaetopelma olivaceum* ♂, innere Tibiaapophyse von unten

71

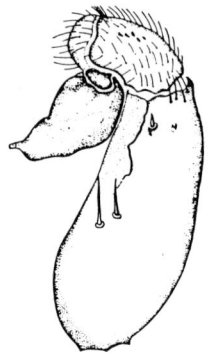

Abb. 62   *Cyrtopholis palmarum* ♂, Taster

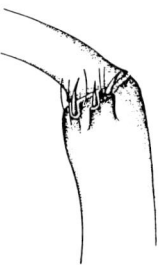

Abb. 63   *Cyrtopholis palmarum* ♂,
Tibia I mit Apophysen

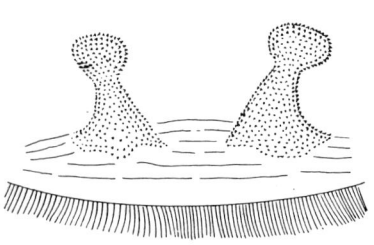

Abb. 64   *Cyrtopholis cursor* ♀, Epigyne

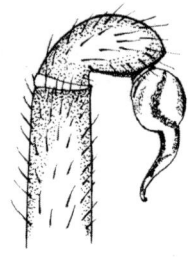

Abb. 65   *Cyrtopholis angustatus* ♂, Taster

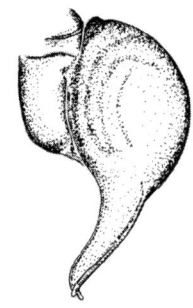

Abb. 66   *Cyrtopholis angustatus* ♂,
Bulbus des rechten Tasters von medial

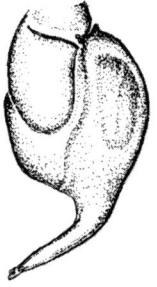

Abb. 67   *Cyrtopholis angustatus* ♂,
Bulbus des rechten Tasters von vorn

Abb. 68   *Cyrtopholis angustatus* ♂, Tibiaapophysen

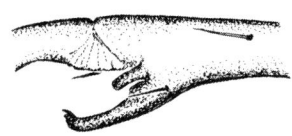

Abb. 69   *Cyrtopholis angustatus* ♂,
Tibiaapophysen von medial

Abb. 73   *Cyrtopholis longistylus* ♂, Tibiaapophysen

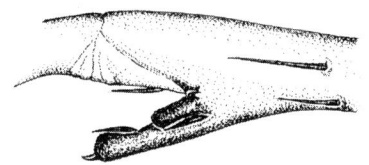

Abb. 74   *Cyrtopholis longistylus* ♂,
Tibiaapophysen von medial

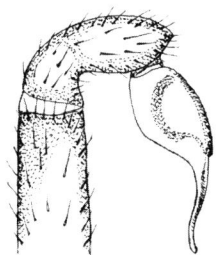

Abb. 70   *Cyrtopholis longistylus* ♂, Taster

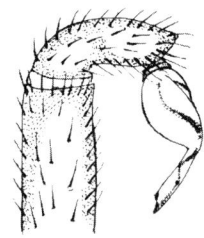

Abb. 75   *Cyrtopholis schusterae* ♂, Taster

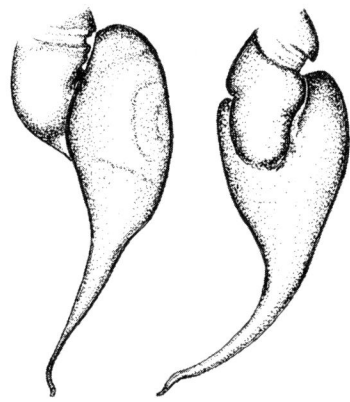

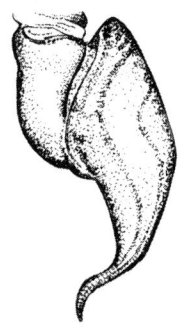

Abb. 71   *Cyrtopholis longistylus* ♂,
Bulbus des rechten Tasters von medial

Abb. 72   *Cyrtopholis longistylus* ♂,
Bulbus des rechten Tasters von vorn

Abb. 76   *Cyrtopholis schusterae* ♂,
Bulbus des rechten Tasters von medial

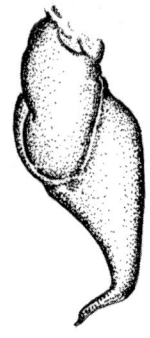
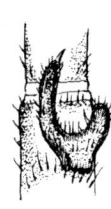

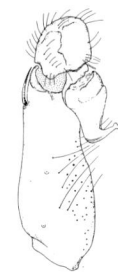

Abb. 82   *Homoeomma montanum* ♂, Taster

Abb. 77   *Cyrtopholis schusterae* ♂,
Bulbus des rechten Tasters von vorn

Abb. 78   *Cyrtopholis schusterae* ♂, Tibiaapophysen

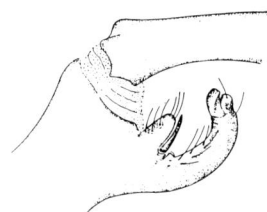

Abb. 83   *Homoeomma montanum* ♂, Tibiaapophysen

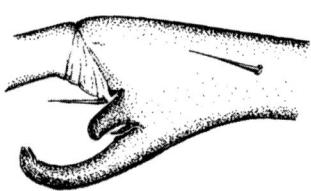

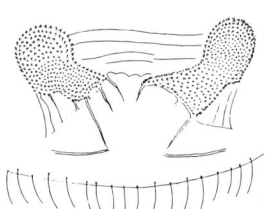

Abb. 79   *Cyrtopholis schusterae* ♂,
Tibiaapophysen von medial

Abb. 84   *Homoeomma montanum* ♀, Epigyne

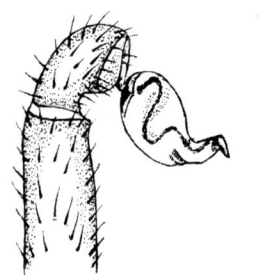

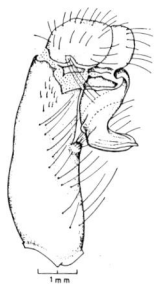
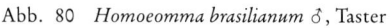

Abb. 80   *Homoeomma brasilianum* ♂, Taster

Abb. 81   *Homoeomma brasilianum* ♂, Tibiaapophysen

Abb. 85   *Homoeomma villosum* ♂, Taster

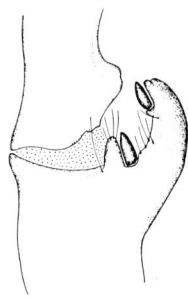

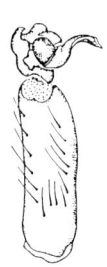

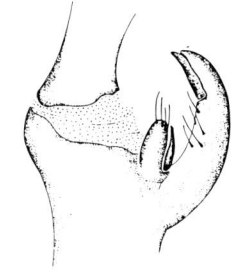

Abb. 86 *Homoeomma villosum* ♂, Ende der Tibia I mit Apophysen und Anfang des Metatarsus I

Abb. 90 *Homoeomma stradlingi* ♂, Taster

Abb. 91 *Homoeomma stradlingi* ♂, Ende der Tibia mit Apophysen und Anfang des Metatarsus I

Abb. 87 *Homoeomma strabo* ♂, Taster

Abb. 88 *Homoeomma strabo* ♂, Ende der Tibia I mit Apophysen und Anfang des Metatarsus I

Abb. 92 *Homoeomma elegans* ♂, Taster

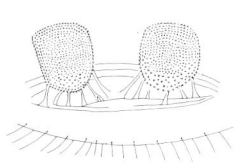

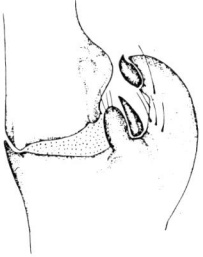

Abb. 89 *Homoeomma strabo* ♀, Epigyne

Abb. 93 *Homoeomma elegans* ♂, Ende der Tibia mit Apophysen und Anfang des Metatarsus I

75

Abb. 94   *Homoeomma uruguayensis* ♂, Taster

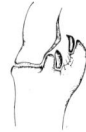 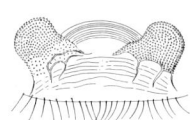

Abb. 95   *Homoeomma uruguayensis* ♂,
Ende der Tibia mit
Apophysen und Anfang des Metatarsus I

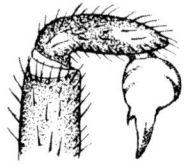

Abb. 97   *Crypsidromus isabellinus* ♂, Taster

Abb. 98   *Crypsidromus velox* ♂, Taster

Abb. 99   *Crypsidromus velox* ♂, Ende der Tibia und
Anfang des Metatarsus I

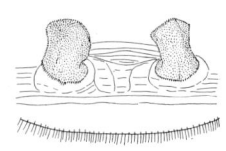

Abb. 100
Crypsidromus velox ♀,
Epigyne

Crypsidromus-Arten sind daher auch die Stars unter den Ischnocolinen und werden jetzt immer häufiger im Zoohandel angeboten. Die Gattung kommt mit vielen Arten in Mexiko, Costa Rica, Panama, der Insel Trinidad, in Argentinien, Brasilien, Venezuela, Bolivien und Ekuador vor. Tiere dieser Gattung unterscheiden sich von anderen Ischnocolinen durch folgende Kennzeichen: Augenhügel kaum ein Drittel breiter als lang, Augenfeld beiderseits parallel. Vorderseitenaugen größer als Hinterseitenaugen. Trochanter der Taster ohne Scopula. Thoraxgrube procurv und tief. Labium nicht länger als breit, fast quadratisch, apikal zahlreich bestachelt. Coxen des 1. Beinpaares innen mit weichen Haaren. Scopula der Vorderbeintarsen nicht geteilt, nur die des 4. Beinpaares durch eine schmale Reihe von Haaren geteilt. Hintere Sternalsigillen weiter vom Sternumrand oder wenigstens nicht näher als dem Durchmesser eines Sigillums entspricht. Metatarsus des 2. Beinpaares nur in der apikalen Hälfte bzw. im apikalen Drittel scopuliert. Tibia des 1. Beinpaares des Männchens apikal nicht gespornt, sondern nur mit Stacheln (meistens vier), die länger als die übrigen sind. Am bekanntesten ist *C. zebratus* (Foto 1) aus Costa Rica.

Die Gattung *Ozopactus* kommt in Venezuela vor. *Ceropelma* (Abb. 101-110) ist in vier Arten von Venezuela bis Argentinien, Uruguay und Südbrasilien verbreitet.

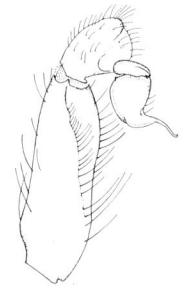
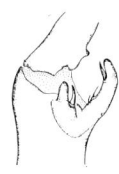

Abb. 107   *Ceropelma flavohirtum* ♀, Epigyne

Abb. 101   *Ceropelma insulare* ♂, Taster

Abb. 102   *Ceropelma insulare* ♂, Ende der Tibia mit
Apophysen und Anfang des Metatarsus I

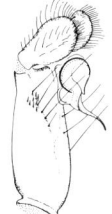
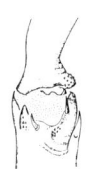

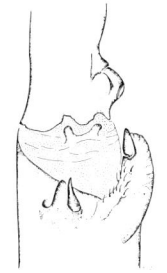
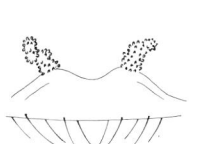

Abb. 108   *Ceropelma longisternalis* ♂, Taster

Abb. 109   *Ceropelma longisternalis* ♂, Tibiaapophysen und Vorsprung des Metatarsus I

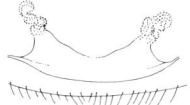

Abb. 103   *Ceropelma semiaurantiacum* ♂, Tibiaapophysen und Vorsprung des Metatarsus I

Abb. 104   *Ceropelma semiaurantiacum* ♀, Epigyne

Abb. 110   *Ceropelma longisternalis* ♀, Epigyne

Abb. 105   *Ceropelma flavohirtum* ♂, Taster

Abb. 106   *Ceropelma flavohirtum* ♂, Tibiaapophysen
und Vorsprung des Metatarsus I

77

Afrikanische Arten

Chaetopelma kommt nicht nur in Südamerika, sondern auch in Ägypten, Ostafrika *(Ch. olivaceum)* und auf den Seychellen vor. *Euphrictus spinosus* wurde aus Kamerun beschrieben, *Heterothele* (Abb. 111, 112) in sieben Arten aus Kongo, Zaire, Gabun, Loango, Usambara (Tansania) und Ostafrika. *Ischnocolus* kommt mit zehn Spezies in Tunesien, Algerien, Marokko, Tripolis (Lybien), Äthiopien und Kamerun vor. *Nesiergus* ist mit zwei Arten auf den Seychellen verbreitet. *Selenogyrus* ist eine in Westafrika, Sierra Leone und an der Elfenbeinküste vertretene Gattung.

Abb. 111   *Heterothele gabonensis* ♂, Taster

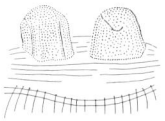

Abb. 112   *Heterothele gabonensis* ♀, Epigyne

Asiatische Arten

Chaetopelma aegyptiacum kommt auch in Syrien und auf Zypern vor, *Chaetopelma olivaceum*, eine schon 1842 beschriebene Spezies, in Syrien, Palästina, Ägypten und Zypern (Abb. 61). *Ch. adenense* lebt in Südwestarabien (Aden), *Ch. arabica* in Arabien, *Ch. gardinieri* auf den Seychellen. *Cratorrhagus concolor* und *C. tetramerus* sind syrische Arten. *Ischnocolus gracilis* lebt auf Zypern, *I. syriacus* in Syrien, *I. decoratus* und *I. khasiensis* sind indische Arten. Größte Gattung der Ischnocolinen in Asien ist *Plesiophrictus* mit 13 indischen und einer ceylonesischen Art *(P. tenuipes)*. Es handelt sich um 10–23 mm lange Spezies. *Plesiophrictus senffti* stammt von den Karolinen. Indische Arten sind *P. bhori, P. blatteri, P. collinus, P. fabrei, P. linteatur, P. madraspatanus, P. millardi, P. milleti, P. raja, P. satarensis* und *P. sericeus.*

2. Theraphosinae

Diese Unterfamilie enthält ausschließlich amerikanische Arten, darunter einige der größten und bekanntesten Vogelspinnen überhaupt. Viele der hierher gehörenden Arten sind von Anfang an zahm und lassen sich gut pflegen.

Die Systematik dieser Unterfamilie ist immer noch im Fluß. Nach RAVEN werden *Acanthopelma, Ceropelma, Crypsidromus, Cyclosternum, Cyriocosmus, Cyrtopholis, Dryptopelma, Hapalopus, Hapalotremus, Holothele, Homoeomma, Oligoxystre, Schizopelma* und *Stichoplastus* bei den *Theraphosinae* untergebracht. Sie erscheinen hier bei den *Ischnocolinae*.

a) Grammostoleae

Folgende Genera werden meist zu dieser Gruppe gestellt: *Grammostola, Paraphysa, Phrixotrichus, Rhechosticta, Sphaerobothria, Mygalarachne,* und *Euathlus.*

Die Gattung *Ephebopus* wird in diese Gruppe gestellt, erscheint jedoch nicht im Bestimmungsschlüssel. Sie ist wie folgt gekennzeichnet: Thoraxgrube sehr groß, Vorderaugen in schwach procurver Reihe, Hintermittelaugen winzig klein, von den Vordermittelaugen weit entfernt. Labium nur apikal mit dornenförmigen Zähnchen. Scopulae des IV Metatarsus durch Haarlinie geteilt und nur auf dem apikalen Viertel vorhanden. Coxen der Vorderbeine ohne Stridulationsorgan. Patella und Tibia IV so lang wie oder kürzer als der Cephalothorax. Patella und Tibia I so lang wie oder länger als der Cephalothorax. Metatarsus und Tarsus III, IV viel dünner als Metatarsus und Tarsus I bzw. II. Hintere Spinnwarzen nicht länger als Sternum breit. Palpenfemur prolateral apikal mit dichtem Haarpolster.

Ephebopus fossor lebt im Gebiet der Anden von Ekuador. Die beiden Arten *E. murinus* (Foto 33) und *E. violaceus* kommen im Amazonasgebiet Brasiliens, vor allem in der Umgebung von Belem, *E. murinus* außerdem in Guayana, vor. Die letztgenannte Art lebt in Sandgebieten, wo sie bis zu 50 cm tiefe Röhren baut, die mit Gespinst austapeziert werden. Sie ist leicht an den beiden scharfabgesetzten gelblichweißen konvergierenden Längsbändern auf den Patellen, die sich auf den Metatarsen zu einer einzigen Linie vereinigen, zu erkennen. Die apikalen Transversallinien an Femur, Patella und Tibia haben dieselbe Farbe. Bei *E. fossor* sind die Längsbänder auf den Beinen weniger auffällig.

Bestimmungsschlüssel für die Gattungen der Grammostoleae

1. Coxen der Taster und des 1. Beinpaares mit Stridulationsorgan. Metatarsen der Vorderbeine basal bestachelt, Scopula nicht bis zur Basis der Metatarsen reichend. Labium apikal mit vielen kleinen Dornen. Tibien der Vorderbeine des Männchens mit zweisporiger Apophyse, deren unterer Sporn nach innen eingebogen ist. Große Fiederhaare an Trochanter I . . . . **Grammostola**
－ Coxen der Taster und des 1. Beinpaares ohne Stridulationsorgan 2
2. Thoraxgrube groß, rund, einen runden Hügel innen aufweisend. Vorderaugen-

reihe kaum procurv. Hintere Sternalsigillen von einander kaum weiter als vom Sternumrand entfernt
. . . . **Sphaerobothria**
— Thoraxgrube quer oder rund, innen ohne kleinen Hügel 3
3. Unterer Tibialfortsatz des Männchens apikal verbreitert 4
— Unterer Tibialfortsatz des Männchens apikal verschmälert 5
4. Maxillen oder Palpencoxa retrolateral mit Polster von Fieder- oder Spatelhaaren. Tarsalscopula der Vorderbeine die Basis des Tarsus erreichend oder nicht erreichend. Scopula der Metatarsen der Vorderbeine bis zum basalen Drittel reichend. Metatarsen der Hinterbeine apikal schwach scopuliert. Coxen der Vorderbeine vorn mit einzelnen langen dünnen Haaren oft gemischt mit Borsten oder vorn, ober- und unterhalb der Sutur mit kurzen starren und dornförmigen Borsten. Vorderaugenreihe sehr stark procurv. Hintere Sternalsigillen mehr als dreimal so weit voneinander als vom Sternumrand entfernt. Hintermittelaugen von den Vordermittelaugen weit getrennt und viel kleiner als diese. Labium apikal mit vielen sehr kleinen Dornen
. . . . **Rhechosticta**
— Derartiges Polster an Maxillen oder Palpencoxa nicht vorhanden, kräftige, fiederhaarige Stridulationsborsten an Trochanter von Taster und 1. Beinpaar
. . . . **Citharacanthus**
5. Embolus distal breit und flach, Scopula aus Fiederhaaren prolateral an Trochanter I, an Innenseite des Femur I beim Weibchen und retrolateral an Tastern. Tibia I und IV gleichlang . . . **Euathlus**
— Embolus apikal sich zuspitzend, Metatarsen der Vorderbeine basal bestachelt
. . . . 6

6. Sternum hinten breit abgestutzt. Labium apikal mit wenigen großen Dornen. Hintere Sternalsigillen vom Sternumrand um weniger als einen Sigillumdurchmesser entfernt. Metatarsus I länger oder wenigstens nicht kürzer als Tibia I, nur in der apikalen Hälfte scopuliert. Äußerer Sporn des Tibialfortsatzes des Männchens einwärts gekrümmt, innerer Sporn kurz und konisch . . . .
. . . . **Phrixotrichus**
— Sternum hinten nicht abgestutzt. Metatarsus des 1. Beinpaares kürzer als die Tibia, bis zur Basis scopuliert. Beide Sporen der Tibiaapophyse des Männchens dicht beieinander , am Ende sehr abgestumpft. Innerer Sporn breiter als äußerer . . . . **Paraphysa**

Euathlus albopilosus (Foto 4–8) stammt aus Costa Rica und Guatemala. Diese Art wird seit einigen Jahren als „Kraushaar-Vogelspinne" angeboten. *E. emilia* (Foto 41) stammt aus Panama und Mexiko, *E. mesomelas* (Foto 11–13), *E. angustus* und *E. fossorium* aus Costa Rica, *E. pallidus* aus Mexiko und *E. vagans* (Foto 9, 39, 40) aus Kolumbien, Costa Rica, Guatemala und Mexiko. *E. smithi* (Foto 7, 41) aus Mexiko, mit ihren roten Patellen, war bis 1985 die am häufigsten angebotene Art dieser Gattung. Sie kommt in mehreren Farbvarianten vor. *E. truculentus* aus Brasilien (?) ist nur im männlichen Geschlecht bekannt. Exemplare gro-

Foto 39 Häutung von *Euathlus vagans*
Chelizeren und Beine bis zu den Femora frei.

Foto 40 Häutung von *Euathlus vagans*
Häutung fast beendet.

Foto 41 Werbung von *Euathlus smithi* ♂ (links) vor *Euathlus emilia* ♀ (rechts), Panama, Mexiko

Foto 42 *Phormictopus spec.* (Honduras)

Foto 43 *Sphaerobothria hoffmanni* (Costa Rica)

Foto 44 *Avicularia versicolor* (Martinique)

Foto 45 *Grammostola pulchra* (Brasilien)

Foto 46 *Lasiodora parahybana* ♀ (Brasilien)

Foto 47 *Ornithoctonus spec.* (Thailand)

ßer *Euathlus*-Arten *(E. sabulosus, E. vagans, E. smithi)* werden 7 cm lang.

Rhechosticta hentzi wurde schon 1854 entdeckt und ist in Arizona, Texas, Kansas und Louisiana verbreitet. *R. seemanni* (Foto 2) hat eine Verbreitung, die sich von Costa Rica über Mexiko und Texas bis nach Kalifornien erstreckt. *R. rustica* findet man in Mexiko, Arizona und Texas. *R. balboana* und *R. consocia* sind panamesische Arten. *R. grisea* und *R. prosoica* wurden aus Mexiko beschrieben. *R. chalcodes* (Foto 3) lebt in den USA. *R. radina* ist eine weitere in den USA vorkommende Grammostoline. *R. tamaulipeca* lebt in Mexiko. *R. marxi* ist von Kolumbien und Mexiko bis Texas, Arizona, Utah und Kalifornien verbreitet. *R. hageni* stammt aus Mexiko, *R. cyaneopubescens* aus Ekuador und Venezuela, *R. helluo*, die größte Vogelspinne der Vereinigten Staaten, aus Mexiko und dem Südwesten der USA. Weitere 23 Arten der Gattung kommen in den USA vor. Am bekanntesten ist *R. californica*, die über Kalifornien, Texas und Arizona verbreitet ist. Aus Texas stammt *R. texensis*.

Tiere der umfangreichen Gattung *Rhechosticta* (Foto 16, 50, Abb. 113–123) zählen zu den beliebtesten Vogelspinnen und werden im Handel häufig angeboten. Die größten erreichen Körperlängen von 60 bis 65 mm. *R. rubropilosa* (Abb. 122–124) aus Brasilien hat schöne rötliche Haare auf dem Abdomen. *R. aberrans* und *R. affinis* sind chilenische Arten. *R. anthracina* stammt aus Uruguay, *R. aymara* aus Peru, *R. borelli* aus Paraguay. Brasilianische Arten sind *R. diversipes, R. doleschalli, R. dubia* (Foto 52, Abb. 120, 121), *R. gracilis, R. ochracea* (die seit längstem bekannte Art), *R. vellutina* und *R. wacketi.*

R. vitiosa ist in Brasilien, Uruguay, Paraguay und Argentinien verbreitet. In Uruguay kommen weiterhin vor: „*R*". *saltator* (Foto 34) und *R. tigrina*. Argentinische Arten sind *R. mendozae, R. minax*.

Alle übrigen *Rhechosticta*-Arten wie *R. steindachneri* wurden aus dem Süden der USA, Mexiko, Panama, Guyana, Kuba, Nikaragua, Kolumbien, Guatemala, Haiti oder allgemein aus Südamerika beschrieben. Allerdings darf man in sehr vielen Fällen Fragezeichen machen, ob die Arten wirklich zu *Rhechosticta* gehören, was zumindest im Falle von *R. spinicrus* (LATREILLE) 1819 unwahrscheinlich ist. Offenbar handelt es sich hier um *Phormictopus cancerides* (LATREILLE) 1806.

Citharacanthus longipes kommt in Costa Rica, Guatemala und Mexiko vor. *C. l. niger* auf Kuba. *C. myodes* ist eine brasilianische Art, die auch in Uruguay gefunden wurde. *C. crinirufus* aus Costa Rica ist die zur Zeit am häufigsten gehaltene Art der Gattung. *C. imperatrix* stammt aus Brasilien.

Paraphysa manicata ist in Mexiko, Peru und Chile verbreitet, *P. aculeata* im Soratagebirge Boliviens.

Phrixotrichus parvulus und *Ph. roseus* sind Arten aus Chile (Valparaiso) und Peru. Letztere ist durch ein kurzes braun-schwarzes Längsband auf der Oberseite des Abdomens gekennzeichnet.

Sphaerobothria hoffmanni (Foto 43) dürfte die häufigste Vogelspinne Costa Ricas sein. Sie war, als ich das Land besuchte, sogar lebend im Museum der Hauptstadt zu bewundern und hat den Indianern bei ihren Goldschmuck-Vogelspinnen vielleicht Modell gesessen. Die Art ist durch ihren großen Hügel

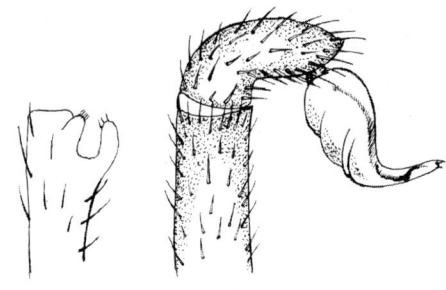

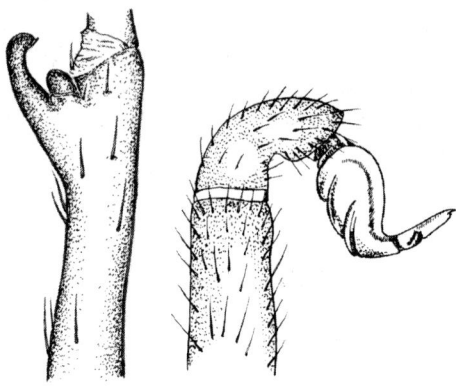

Abb. 113 *Rhechosticta* ♂, Tibiaapophysen

Abb. 114 *Rhechosticta latens* ♂, Taster

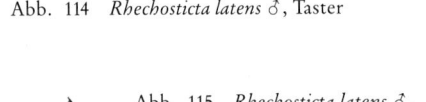

Abb. 115 *Rhechosticta latens* ♂,
Bulbus des rechten Tasters
von medial

Abb. 119 *Rhechosticta latens* ♂,
Tibiaapophysen von medial

Abb. 120 *Rhechosticta dubia* ♂, Taster

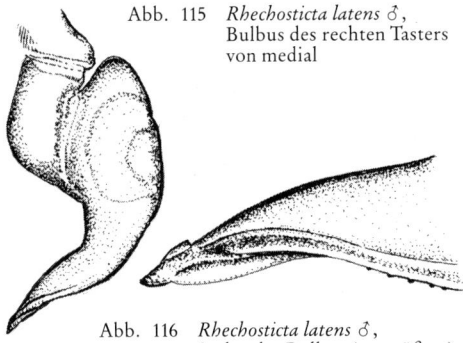

Abb. 116 *Rhechosticta latens* ♂,
Stylus des Bulbus (vergrößert)

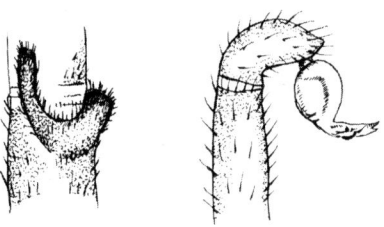

Abb. 121 *Rhechosticta dubia* ♂, Tibiaapophysen

Abb. 122 *Rhechosticta rubropilosa* ♂, Taster

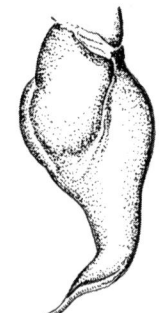

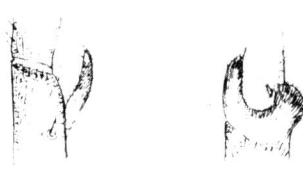

Abb. 123 *Rhechosticta rubropilosa* ♂,
Tibiaapophysen von der Seite

Abb. 124 *Rhechosticta rubropilosa* ♂,
Tibiaapophysen von unten

Abb. 117 *Rhechosticta latens* ♂,
Bulbus des rechten Tasters von vorn

Abb. 118 *Rhechosticta latens* ♂, Tibiaapophysen

innerhalb der tiefen transversalen Thorax-grube nicht zu verkennen. Der Augenhügel ist etwa ein Drittel breiter als lang. Die Vorderaugen sind gleich groß und in etwas procurver Linie. Das Sternum ist nicht länger als breit. Die Beine sind bestachelt. Ihre Längenformel ist IV, I, II, III. Die Metatarsen des 4. Beinpaares sind länger als die Tibien.

Neben *Rhechosticta* ist *Grammostola* zweifellos die wichtigste und bekannteste Gattung dieser Unterfamilie. 22 Arten wurden bisher beschrieben. Alle sind groß (bis zu 7 cm) und gehören zu den Paradestücken jedes Vogelspinnenhalters. Argentinische Arten sind *G. burzaquensis* (Abb. 125), *G. inermis*, *G. vachoni*, *G. argentinensis*, *G. chalcothrix*, *G. ferruginea*, *G. gossei*, *G. mollicoma*, *G. pulchripes* (Abb. 126 und Foto 14). Letztere kommt auch in Paraguay und Brasilien vor. In Uruguay lebt *G. alticeps*. *G. mollicoma* (Foto 5, Abb. 127) ist auch in Uruguay und Südbrasilien verbreitet. *G. spatulata* (Foto 10)

(auch in Bolivien) und *G. cala* sind chilenische Spezies. *G. spatulata* und *Phrixotrichus roseus* sind einander zum Verwechseln ähnlich. In Südbrasilien leben *G. gigantea*, *G. grandicola*, *G. pulchra* (Foto 45, Abb. 128) und *G. roquettei*. Nördlich bis Parana sind verbreitet: *G. actaeon* (Abb. 129, 130), *G. brevimetatarsis*, *G. fasciata* und *G. iheringii* (Abb. 131, Foto 22). *G. monticola* stammt aus dem Soratagebirge der bolivianischen Anden.

Nach Bücherl ist *G. actaeon* schwarz wie ein Maulwurf und fast ebenso groß wie dieser. *G. mollicoma* ist fast schwarz, aber mit langen grauen Haaren an den Beinen. Im männlichen Geschlecht erreicht sie eine Beinspannweite von 28 cm. Die begehrten großen Grammostolinae kommen ausschließlich im Gebiet südlich des Wendekreises des Steinbocks vor. Eine chilenische Art lebt an den Abhängen des Aconcaguas, des höchsten Berges Amerikas.

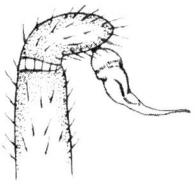

Abb. 127   *Grammostola mollicoma* ♂, Taster

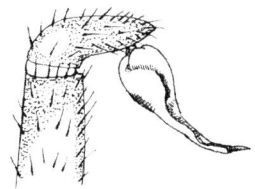

Abb. 125   *Grammostola burzaquensis* ♂, Taster

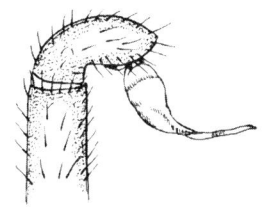

Abb. 126   *Grammostola pulchripes* ♂, Taster

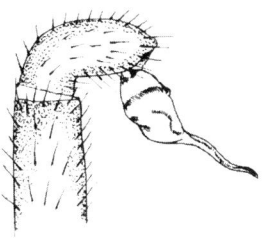

Abb. 128   *Grammostola pulchra* ♂, Taster

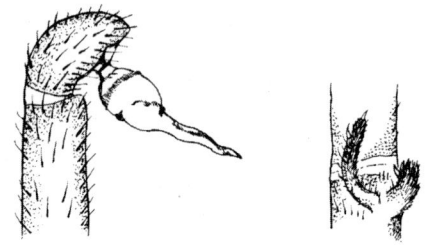

Abb. 129 *Grammostola actaeon* ♂, Taster

Abb. 130 *Grammostola actaeon* ♂, Tibiaapophysen

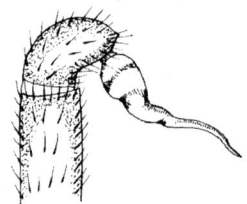

Abb. 131 *Grammostola iheringii* ♂, Taster

b) Theraphoseae

Im Gegensatz zu den Grammostoleae haben wir es bei den Theraphoseae mit mehr oder weniger aggressiven Arten zu tun (Ausnahme: *Eupalaestrus*), die dem Anfänger nicht empfohlen werden können, dem erfahrenen Vogelspinnenpfleger aber viel Freude machen. Die recht hübschen (Foto 55) und zum Teil sehr großen Arten *(Theraphosa)* gehören zu den „giftigsten" Vogelspinnen, sind aber für den Menschen trotzdem ungefährlich.

Diese Gruppe umfaßt ausschließlich amerikanische Arten. Außer einer in den USA und einer in Mexiko lebenden Art kommen alle Spezies in Süd- und Mittelamerika vor. Zu den Theraphoseae gehören die Gattungen *Acanthoscurria, Phormictopus, Therapho-*

sa, Eupalaestrus, Lasiodora, Megaphobema, Pamphobeteus, Mygalarachne, Nhandu und *Xenesthis*.

Bestimmungsschlüssel für die Gattungen der Theraphoseae

1. Stridulationsorgan nicht vorhanden . 2
– Stridulationsorgan vorhanden 7
2. Tibien und Metatarsen des 4. Beinpaares dicker als die des 1. Beinpaares. Tibien so breit oder breiter als Femora. Tibia und Metatarsus des 4. Beinpaares mit zahlreichen langen, geraden Haaren, Borsten oder Stacheln
. . . . **Eupalaestrus**
– Tibien und Metatarsen des 4. Beinpaares dünner als die des 1. Beinpaares, Tibia dünner als Femur, Metatarsus dünner und länger als Tibia 3
3. Metatarsen des 4. Beinpaares mit dichter pelziger Scopula vom Apex bis zur Basis . . . . **Xenesthis**
– Metatarsen des 4. Beinpaares nur mit apikaler Scopula 4
4. Femur des 3. Beinpaares sehr verdickt. 4. Beinpaar deutlich länger als 1. Beinpaar. Männchen an der Tibia des 1. Beinpaares apikal mit zweisporiger Apophyse, unterer Sporn länger und nach innen gekrümmt **Megaphobema**
– Femur des 3. Beinpaares nicht verdickt. 4. Beinpaar so lang wie 1. oder nur undeutlich länger oder sogar kürzer als 1. Beinpaar. Männchen ohne Tibiaapophyse oder mit zweisporiger Apophyse, unterer Sporn nach außen gekrümmt 5
5. Tibien des 1. Beinpaares des Männchens ohne Apophyse, bei *Mygalarachne* je-

doch mit Stachelgruppe (Abb. 182). Männchen: Patella und Tibia des 4. Beinpaares so lang wie die des 1. Beinpaares 6

— Tibien des 1. Beinpaares des Männchens mit zweisporiger Apophyse, unterer Sporn länger als oberer. Patella und Tibia des 4. Beinpaares etwas länger als die des 1. Beinpaares, Weibchen mit zweilappigen Spermatheken

. . . . **Pamphobeteus**

6. Clypeus schmal oder fehlend, Weibchen mit breiter undeutlicher Spermathek, Fiederhaare oder -borsten an Palpentrochanteren fehlend . . . **Mygalarachne**

— Clypeus deutlich, Weibchen mit zweilappigen Spermatheken, Fiederhaare oder -borsten an Palpentrochanteren vorhanden . . . . **Nhandu**

7. Deutliches Stridulationsorgan an der Vorderseite der Coxen des 1. Beinpaares, oberhalb der Sutur, bestehend aus aufrechtstehenden Keulenhaaren. Fiederhaare an Coxen der Palpen und Vorderbeine ober- und unterhalb der Sutur. Tibia des 1. Beinpaares des Männchens mit zweisporiger Apophyse, unterer Sporn breiter, aber mehr oder weniger geradegerichtet und abgestumpft, „Bombardierspinnen" . . **Lasiodora**

— Stridulationsorgan an Coxen und Trochanteren des 1. Beinpaares oder nur an Trochanteren des 1. Beinpaares und der Taster 8

8. Stridulationsorgan auf Coxen und Trochanteren des 1. Beinpaares (Abb. 147) und der Taster. Hintere Sternalsigillen vom Sternumrand entfernt 9

— Stridulationsorgan nur auf Trochanteren des 1. Beinpaares und der Taster (Abb. 139) 10

9. Augenhügel flach, Augen klein und voneinander entfernt. Scopula an Metatarsen des 2. Beinpaares nur apikal, an Metatarsus IV überhaupt nicht vorhanden. Tibien des 1. Beinpaares des Männchens ohne Apophyse, Fiederhaare ähnlich wie bei Lasiodora . . **Theraphosa**

— Augenhügel nicht abgeflacht, breiter als lang, Augen größer und einander mehr genähert. Scopula an Metatarsen III und IV ebenso wie an Metatarsus II vorhanden, aber nicht am ganzen Glied. Männchen mit zweisporiger Apophyse an der Tibia I apikal, Fiederhaare an Coxen und Trochanteren der Palpen und des 1. Beinpaares . . . **Phormictopus**

10. Thoraxgrube breit und quer, nicht procurv. Hintere Sternalsigillen nahe am Sternumrand. Tibia I des Männchens nur mit einer einfachen seitlichen, stumpfen, rechenartigen, bedornten Apophyse, Fiederhaare an Trochanteren der Palpen und des 1. Beinpaares

. . . . . **Acanthoscurria** (teilweise)

— Thoraxgrube sehr klein, procurv. Hintere Sternalsigillen vom Sternumrand weit entfernt

. . . . . . **Acanthoscurria** (teilweise) (*A. parvitarsis*)

Untergruppe Theraphosini

Die Gattung *Acanthoscurria* umfaßt 39 Arten. Es handelt sich um sehr aggressive Tiere. Die größte ist *A. atrox* (Abb. 132—134 und Foto 27), in Brasilien vorkommend (Matto Grosso). Sie erreicht eine Körperlänge von 10 cm und ein Gewicht von 80 g. Ihre

Chelizeren sind 1 cm lang. *A. antillensis* lebt auf den Kleinen Antillen. Brasilianische Arten sind *A. brocklehursti* (Abb. 135, 136), *A. chiracantha* (Südbrasilien), *A. convexa*, *A. cristata*, *A. cunhae* (Südbrasilien), *A. cursor*, *A. ferina*, *A. parvitarsis* (Abb. 134—136) (Nordostbrasilien), *A. fracta*, *A. geniculata* (Abb. 140, 141), *A. gomesiana*, *A. juruenicola* aus dem Matto Grosso (Foto 23), *A. natalensis*, *A. parahybana* (Südbrasilien), *A. paulensis* (Südbrasilien), *A. pugnax*, *A. rhodothele* (Matto Grosso), *A. rondoniae* (Matto Grosso), *A. sternalis* (häufig im Staat São Paulo, aber auch in Nordargentinien), *A. tarda* (Nordbrasilien), *A. theraphosoides*, *A. urens*, *A. violacea*, *A. aurita*, *A. guaxupe*, *A. transamazonica* und *A. xinguensis*.

Abb. 136   *Acanthoscurria brocklehursti* ♂, Tibiaapophyse

Abb. 137   *Acanthoscurria parvitarsis* ♂, Taster

Abb. 138   *Acanthoscurria* ♂, Tibiaapophyse

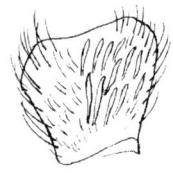

Abb. 139   *Acanthoscurria parvitarsis*, Trochanter des Tasters von außen mit Stridulationsorgan

Abb. 132   *Acanthoscurria atrox* ♂, Taster

Abb. 133   *Acanthoscurria atrox* ♂, Bulbus von links

Abb. 134   *Acanthoscurria atrox* ♂, Tibiaapophyse

Abb. 135   *Acanthoscurria brocklehursti* ♂, Taster

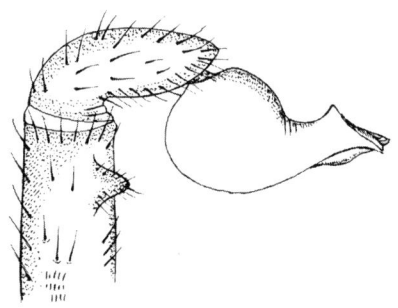

Abb. 140   *Acanthoscurria geniculata* ♂, Taster

86

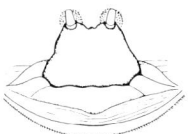

Abb. 141 *Acanthoscurria geniculata* ♀, Epigyne

In Uruguay lebt *A. suina*. In Bolivien (Tatarenda) kommen vor *A. gigantea, A. insubtilis, A. musculosa*, in Argentinien *A. chacoana* (Chaco), *A. cordubensis*, in Guyana *A. minor*.

A. sternalis ist nach BÜCHERL infolge ihres vorgewölbten Sternums leicht zu erkennen. Es handelt sich um eine kleinere Art, die aber sehr angriffslustig ist und sich bei Reizung im Sprung auf den Angreifer stürzt. BÜCHERL weist daraufhin, daß sich die Tiere oft zahm stellen, aber sofort zubeißen, wenn ihnen ein Finger zu nahe kommt.

„*Pachypelma*" *oculatum* ist eine chilenische Spezies.

Man kennt bis heute 14 Arten der Gattung *Phormictopus*, alles recht aggressive und relativ „giftige" Spinnen. Die wichtigste ist *P. cancerides* (Abb. 142–144 und Foto 25), die auf den Westindischen Inseln verbreitet ist und auf Haiti eine der häufigsten Vogelspinnen überhaupt sein soll. Sie baut keine Wohnröhre, sondern lebt unter Steinen und dergleichen und wird zur Zeit sehr viel gehalten.

Die anderen Arten dieser Gattung (Foto 42) scheinen seltener zu sein. In Florida (USA) lebt *P. platus*, in Brasilien *P. brasiliensis, P. multicuspidatus, P. pheopygus* (Südbrasilien), *P. ribeiroi* (Matto Grosso), in Argentinien *P. australis*, in Venezuela *P. hirsutus*, auf Kuba kommen *P. cubensis* und *P. nesiotes* vor.

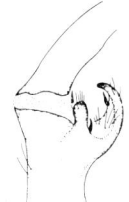

Abb. 142 *Phormictopus cancerides* ♂, Taster

Abb. 143 *Phormictopus cancerides* ♂, Tibiaapophysen

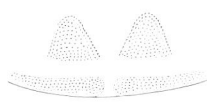

Abb. 144 *Phormictopus cancerides* ♀, Epigyne

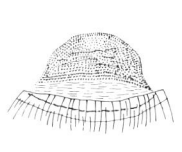

Abb. 145 *Theraphosa leblondi* ♂, Taster

Abb. 146 *Theraphosa leblondi* ♀, Epigyne

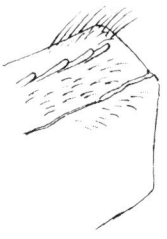

Abb. 147 *Theraphosa leblondi*, Coxa des 1. Beines von innen mit Stridulationsorgan

87

P. meloderma soll auf den Westindischen Inseln vorkommen, und von *P. cautus* weiß man nur, daß er aus Südamerika stammt.

Theraphosa leblondi (Abb. 145–147 und Foto 26) galt bis vor kurzem als sehr seltene und dementsprechend auch teure Art. Sie wurde in Guayana und Venezuela gesammelt. Der Roewer-Katalog gibt als weitere Fundorte Brasilien und die Antillen an. Daß sie jetzt relativ oft angeboten wird, liegt an einem neuerschlossenen Vorkommen im Staat Amazonas (Dr. LUCAS). Die Art erreicht eine Körperlänge von 9 – 12 cm und zählt damit zu den größten Vogelspinnen überhaupt. SIMON schrieb, daß sie vier oder fünf sehr große Stridulationsstäbchen in einer Reihe hat. Sie sei bis zu seiner Zeit nur am Maronibecken gefunden worden. Er erwähnt, daß er eine zweite Art aus dem Orinocogebiet besitzt, die jedoch nie veröffentlicht wurde. Von Bedeutung scheint sein Hinweis zu sein, daß Fundberichte von den Antillen auf Irrtümern beruhen. Die Tiere weisen zwischen Rot und Schwarz alle Farbübergänge auf und wechseln die Färbung oft von Häutung zu Häutung.

Untergruppe Lasiodorini

Die Gattung *Eupalaestrus* ist im Gebiet von Rio de Janeiro, im Matto Grosso, Paraguay und Nordargentinien mit fünf Arten verbreitet, die zu den zahmsten Vogelspinnen überhaupt gerechnet werden müssen. Ihre Beliebtheit als Terrarientiere resultiert auch aus ihrer schönen kontrastreichen Färbung. Der Hinterleib ist samtbraun gefärbt, das Sternum graugrün mit vielen schwarzen Pünktchen und hellrosa Gelenkverbindungen. Die

Patellen und Tibien der Beine haben gelbe Streifen. Die Körperlänge beträgt 7 – 9 cm, die Spannweite der Beine bis zu 14 cm.

E. campestratus (Abb. 148–150) lebt in Paraguay, *E. spinosissimus* in Brasilien. Dort kommen auch die beiden Arten *E. tarsicrassus* (Abb. 151, 152) und *E. tenuitarsus* (Abb. 153) vor. *E. pugilator* (Abb. 154) ist eine argentinische Spezies.

Lasiodora (Foto 6, Abb. 155) ist eine Gattung mit bis jetzt 22 Arten. Wichtigste Spezies sind *L. klugii* aus Brasilien (Abb. 156–158), *L. saeva* (Uruguay), *L. spinipes* (Brasilien) und *L. striatipes* (Brasilien). Weitere brasilianische Spezies sind *L. lakoi*, *L. acanthognatha* (Südbrasilien), *L. citharacantha* (Südbrasilien), *L. cryptostigma* (Südbrasilien), *L. curtior* (Abb. 159, 160), *L. differens* (Abb. 161, 162) (Südbrasilien), *L. difficilis* (Foto 18, Abb. 163, 164) (Südbrasilien), *L. dolichosterna* (Südbrasilien), *L. dulcicola*, *L. erythrocithara* (Abb. 165) (Südbrasilien), *L. fracta*, *L. itabunae*, *L. mariannae* (Südbrasilien), *L. parahybana* (Foto 46, 49, Abb. 166), *L. pleoplectra* (Südbrasilien), *L. subcanens*. In Chile lebt *L. porteri*, in Argentinien *L. weijenberghii*.

Alle *Lasiodora*-Arten sind bis zu 10 cm lange, farbenprächtige Vogelspinnen, die sich aber nur sehr schwer zähmen lassen. Sie sind die typischen Bombardierspinnen, die dem Pfleger gern die mit Widerhaken besetzten Abdominal-Reizhaare entgegenschleudern. *L. klugii* trägt auf dem Abdomen lange feuerrote Haare. Männchen zeigen ein eigenartiges Verhalten, auf das BÜCHERL aufmerksam gemacht hat. Kommt man ihnen nahe, so stellen sie sich in Positur mit erhobenem Cephalothorax und weit geöffneten Chelizeren. Sie beißen jedoch nicht, son-

dern schlagen nur mit den Vorderbeinen gegen den vermeintlichen Feind, eine Art von
„Imponiergehabe".

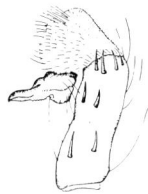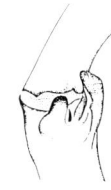

Abb. 148   *Eupalaestrus campestratus* ♂, Taster

Abb. 149   *Eupalaestrus campestratus* ♂,
Tibiaapophysen

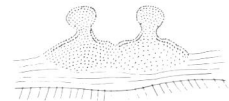

Abb. 150   *Eupalaestrus campestratus* ♀, Epigyne

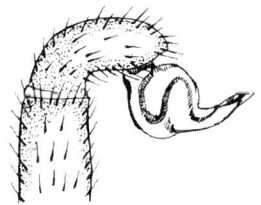

Abb. 151   *Eupalaestrus tarsicrassus* ♂, Taster

Abb. 152   *Eupalaestrus tarsicrassus* ♂,
Tibiaapophysen

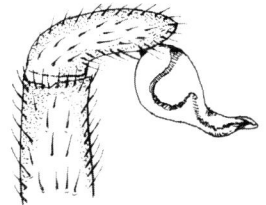

Abb. 153   *Eupalaestrus tenuitarsus* ♂, Taster

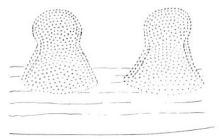

Abb. 154   *Eupalaestrus pugilator* ♀, Epigyne

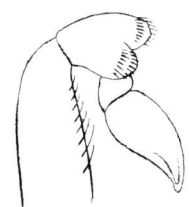

Abb. 155   *Lasiodora* ♂, Typ des Tasters

Abb. 156   *Lasiodora klugii* ♂, Taster

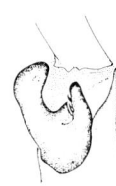

Abb. 157   *Lasiodora klugii* ♂, Tibiaapophysen

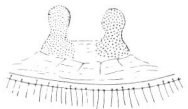

Abb. 158   *Lasiodora klugii* ♀, Epigyne

89

Abb. 159   *Lasiodora curtior* ♂, Taster

Abb. 160   *Lasiodora curtior* ♂, Embolus (vergrößert)

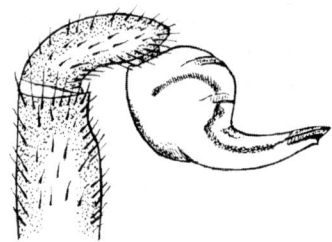

Abb. 165   *Lasiodora erythrocythara* ♂, Taster

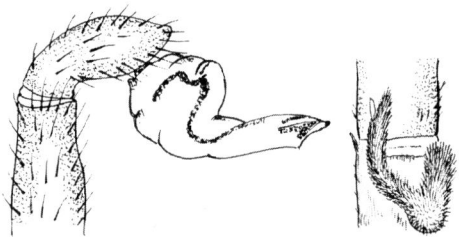

Abb. 161   *Lasiodora differens* ♂, Taster

Abb. 162   *Lasiodora differens* ♂, Tibiaapophysen

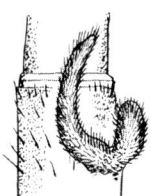

Abb. 166   *Lasiodora parahybana* ♂, Tibiaapophysen

Abb. 163   *Lasiodora difficilis* ♂, Taster

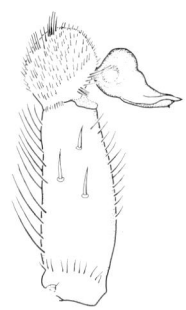

Abb. 167   *Megaphobema robusta* ♂, Taster

Abb. 164   *Lasiodora difficilis* ♂, Tibiaapophysen

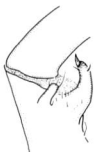

Abb. 168   *Megaphobema robusta* ♂, Tibiaapophysen

Megaphobema robusta (Abb. 167, 168) ist eine der größten Vogelspinnen Kolumbiens.

Pamphobeteus ist mit 25 Arten die größte Gattung der ganzen Gruppe. Die häufigsten Arten, die daher auch meist angeboten werden, sind *P. antinous* (Bolivien, Peru), *P. augusti* (Ekuador), *P. benedenii* (Brasilien), *P. ferox* (Kolumbien), *P. fortis* (Kolumbien), *P. insignis* (Kolumbien), *P. vespertinus* (Ekuador), *P. tetracanthus* (Abb. 169, 170) (Südbrasilien), vor allem aber *P. roseus* (Abb. 171, Foto 28, 48) (Südbrasilien). Diese bis zu 8 cm lange völlig harmlose Art war schon in den fünfziger Jahren die am häufigsten angebotene. In letzter Zeit scheint sie nicht mehr so häufig nach Deutschland zu gelangen.

Folgende Arten kommen noch aus Brasilien: *P. anomalus*, *P. cesteri* (Abb. 172) (Südbrasilien), *P. cucullatus* (Südbrasilien), *P. exsul*, *P. holophoeus* (Südbrasilien), *P. insularis*, *P. melanocephalus* (Südbrasilien), *P. piracicabensis*, *P. platyomma* (Foto 15, Abb. 173), *P. rondoniensis* (Matto Grosso), *P. sorocabae* (Foto 24, Abb. 174, 175) (Südbrasilien), *P. communis*, *P. litoralis* und *P. masculus*.

Aus Kolumbien stammen *P. ornatus* und *P. nigricolor* (Abb. 176–178), der auch noch in Ekuador, Bolivien, Brasilien und auf Haiti vorkommt.

Abb. 171   *Pamphobeteus roseus* ♂, Taster

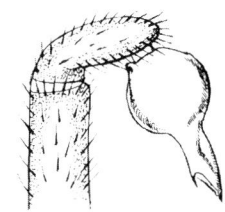

Abb. 172   *Pamphobeteus cesteri* ♂, Taster

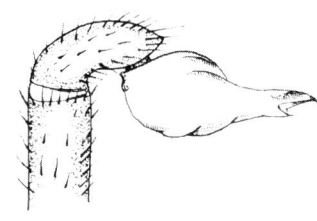

Abb. 173   *Pamphobeteus platyomma* ♂, Taster

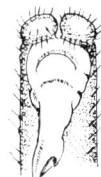

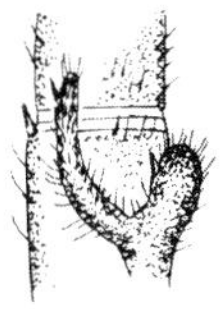

Abb. 169   *Pamphobeteus tetracanthus* ♂, Endabschnitt des Cymbiums mit Bulbus

Abb. 170   *Pamphobeteus tetracanthus* ♂, Tibiaapophysen

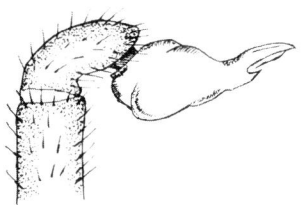

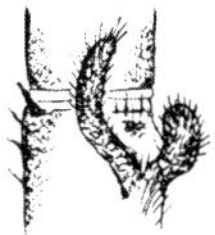

Abb. 174   *Pamphobeteus sorocabae* ♂, Taster

Abb. 175   *Pamphobeteus sorocabae* ♂, Tibiaapophysen

91

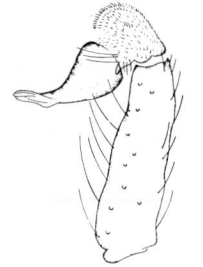
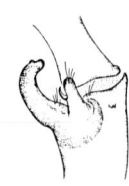

Abb. 176   *Pamphobeteus nigricolor* ♂, Taster

Abb. 177   *Pamphobeteus nigricolor* ♂, Tibiaapophysen

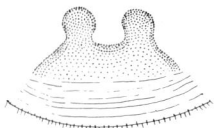

Abb. 178   *Pamphobeteus nigricolor* ♀, Epigyne

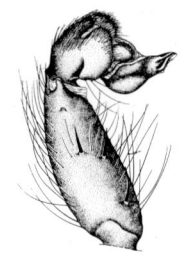

Abb. 179   *Nhandu carapoensis*, Taster, Außenseite

Abb. 180   *Nhandu carapoensis* ♀,
            Epigyne, Dorsalansicht

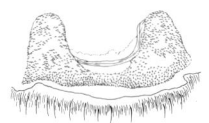

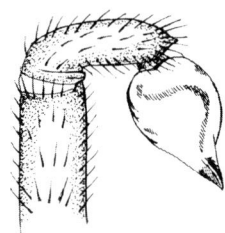

Abb. 181   *Mygalarachne fallax* ♂, Taster

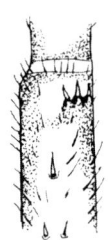

Abb. 182   *Mygalarachne fallax* ♂,
            Vorsprung an der Ventralseite der Tibia

Alle *Pamphobeteus*-Arten sind große und kräftige Arten mit stämmigen Beinen, deren Patellen und – nicht so deutlich – Tibien oft je zwei graugelbe Längsstreifen aufweisen. Bei *P. roseus*, der häufigsten Vogelspinne überhaupt im Staate São Paulo, ist das Abdomen dorsal hell- bis dunkelbraun mit langen rötlichen Haaren, während die Ventralseite pechschwarz gefärbt ist. Besonders auffällig sind die Enden der Tarsen: hellrosa.

Nhandu carapoensis (Foto 19, Abb. 179, 180), eine brasilianische Art von 58 mm Länge, weist Fiederborsten auf den Palpentrochanteren retrolateral, zweilappige Spermatheken und Bulbi auf, wie sie in ähnlicher Weise bei *Pamphobeteus* vorkommen. Beim Weibchen sind Patella und Tibia IV gleichlang oder 1 mm länger als Patella und Tibia I.

Mygalarachne fallax (Abb. 181, 182) ist eine brasilianische, *M. rubronitens* und *M. commune* sind Spezies aus Panama. *M. brevi-*

pes wurde aus Honduras beschrieben. Bei dieser Art erreichen die Chelizeren zwei Drittel der Breite des Cephalothorax. *M. striata* lebt in Venezuela. SCHIAPELLI und GERSCHMAN fanden eine Spezies in Nicaragua (Abb. 183, 184), VALERIO beschrieb sieben Spezies aus Costa Rica, von denen *M. generala* und *M. immensa* die bekanntesten Arten sind.

Xenesthis immanis kommt in Panama, Kolumbien und Venezuela vor, der bis zu 9 cm große *X. monstrosus* (Foto 8) in Kolumbien, *X. intermedius* in Venezuela. Einige dieser Arten leben auch am Oberlauf des Rio Negro im Staat Amazonas.

Abb. 183 *Mygalarachne sp.* (Nicaragua) ♂, Taster

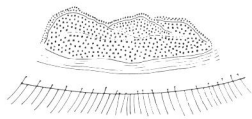

Abb. 184 *Mygalarachne sp.* (Nicaragua) ♀, Epigyne

3. Aviculariinae

Diese baumbewohnenden Spinnen sind in Nord-, Mittel- und Südamerika sowie Afrika verbreitet. Sie erreichen eine Beinspannweite bis zu 14 cm. Die meisten Arten kommen im Amazonasraum vor. In dieser Gegend stehen Gebiete von der Größe Mitteleuropas zweimal im Jahr monatelang unter Wasser, so daß baumbewohnende Spezies besonders gut adaptiert erscheinen. Keine Unterfamilie der Vogelspinnen ist so dicht behaart wie die Aviculariinen. Die Haarpolster der Beine bilden beim Gleitflug eine Art Fallschirm. Alle Arten gehören zu den mittelgroßen Vogelspinnen. Ihre Tarsen sind dicker als die Metatarsen. Die Haarpolster an den Tarsen der Beine sowie die Haarbüschel unter den Klauen sind besonders weich und zart. Letztere sehen wie kleine hellrosa Schuhe aus. Sie ermöglichen den Tieren das Laufen auf der Wasseroberfläche. Obgleich die Arten sehr gut und gern springen, sofern man ihnen dazu in einem großen Terrarium die Möglichkeit bietet, springen sie ihren Pfleger in aggressiver Absicht niemals an. Sie sind daher als Terrarientiere sehr empfehlenswert. Der Bestimmungsschlüssel führt sicher zu den einzelnen Gattungen.

Bestimmungsschlüssel für die Gattungen der Aviculariinae

1. Männchen mit Apophysen an Tibia I und II . . . . **Iridopelma**
– Männchen ohne Apophyse an Tibia II 2
2. Augenfeld kaum ein Drittel breiter als lang, Vorderaugenreihe stark procurv

. . . . **Avicularia**
- Augenfeld wenigstens zweimal so breit wie lang, Vorderaugenreihe schwach procurv 3
3. Labium etwas breiter als lang, apikal mit wenigen kleinen dornartigen Zähnchen. Scopula der Tarsen des 4. Beinpaares durch Reihe von Haaren geteilt. Tibia des 1. Beinpaares des Männchens ohne Sporn 4
- Labium nicht breiter als lang, apikal dicht mit kleinen dornartigen Zähnchen besetzt. Scopula aller Tarsen ungeteilt. Tibia des 1. Beinpaares des Männchen mit Sporn 5
4. 4. Beinpaar zierlicher und dünner als 1. Beinpaar. Ihre Patellen und Tibien sind schmaler als die Femora und zusammen viermal länger als breit
. . . . **Stromatopelma**
- Beine des 4. Paares viel kräftiger als die des 1. Paares. Tibien nicht schmaler als die Femora, Patellen sogar etwas dicker als Femora, etwa zweimal länger als breit
. . . . **Heteroscodra**
5. Hintere Sternalsigillen etwa um die Länge eines Sigillums vom Sternumrand entfernt. Coxen der Taster an der Innenseite nahe der Basis mit lyraförmigem Stridulationsorgan (Abb. 192). Tibien des 1. Beinpaares des Männchens apikal mit zweisporiger Apophyse **Psalmopoeus**
- Hintere Sternalsigillen am Sternumrand oder in unmittelbarer Nähe. Coxen der Taster ohne Stridulationsorgan 6
6. Hintere Sternalsigillen sehr groß, oval, schräg und nur wenig vom Sternumrand getrennt. Tibien der Vorderbeine des Männchens mit zweisporiger Apophyse

. . . . **Tapinauchenius**
- Hintere Sternalsigillen fast unscheinbar, randständig. Tibien der Vorderbeine des Männchens mit einsporiger Apophyse und schwarzem Fortsatz aus Stacheln an Tibia II . . . . **Pachistopelma**

Wichtigste und artenreichste Gattung der ganzen Unterfamilie ist *Avicularia* (Umschlagfoto, Abb. 185). Nordamerikanisch ist *A. californica* (Kalifornien), aus Mittelamerika (Panama) wurde *A. glauca* beschrieben.

Ohne nähere Fundortangabe sind die folgenden Arten: *A. holmbergii*, *A. fasciculata* (Südamerika) und seine Unterart *A. f. clara* sowie *A. subvulpina*. Brasilianische bzw. surinamesische Arten sind *A. ancylochira*, *A. a. variegata*, *A. bicegoi* (Abb. 186, 187) (Manaos), *A. cuminami* (Amazonas), *A. deborii* (Surinam), *A. detrita*, *A. exilis* (Surinam), *A. juruensis* (Rio Juruá), *A. laeta*, *A. leporina*, *A. metallica* (Brasilien, Surinam), *A. pulchra* (Pernambuco), *A. seladonia*, *A. surinamensis* (Surinam), *A. walckenaerii*, *A. zorodes*, *A. palmicola*, *A. rufa*, *A. taunayi*.

Aus Guyana stammt *A. nigrotaeniata*, aus Portorico *A. caesia*, kolumbianische Spezies sind *A. magdalenae* (Nordkolumbien) und *A. rutilans*. In Venezuela sind *A. velutina* und *A. minatrix* vertreten, in Bolivien lebt *A. soratae* (Soratagebirge). *A. versicolor* (Foto 44) bewohnt die Inseln Martinique und Guadeloupe. *A. avicularia* (Foto 21, Abb. 188, 189) kommt in Surinam, Guyana, Brasilien und auf der Insel Trinidad vor. Auch in Venezuela ist sie gesammelt worden. In Brasilien bewohnt sie das Amazonasgebiet.

Star unter den *Avicularia*-Arten aber ist zweifellos *A. metallica* (Foto 30), die mit ih-

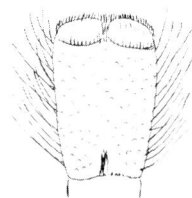

Abb. 185   *Avicularia*, Tarsus eines Beines von unten

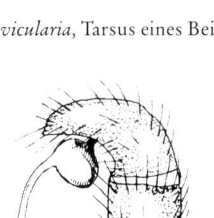

Abb. 186   *Avicularia bicegoi* ♂, Taster

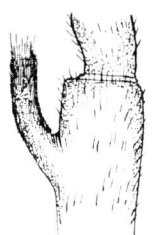

Abb. 187   *Avicularia bicegoi* ♂, Tibiaapophyse

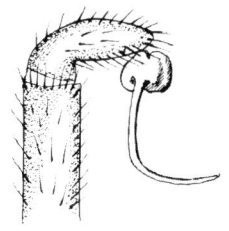

Abb. 188   *Avicularia avicularia* ♂, Taster

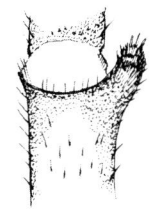

Abb. 189   *Avicularia avicularia* ♂, Tibiaapophyse

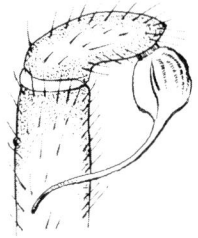

Abb. 190   *Iridopelma hirsutum* ♂, Taster

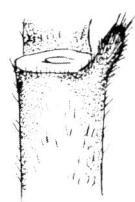

Abb. 191   *Iridopelma hirsutum* ♂, Tibiaapophyse

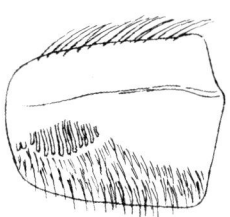

Abb. 192   *Psalmopoeus reduncus*, Coxa des Tasters,
Innenseite mit Stridulationsorgan

95

ren leuchtend roten Tarsen jedem Vogel-
spinnenterrarium zur Zierde gereicht. *Iridopelma hirsutum* (Abb. 190, 191) stammt von
Pernambuco.

Die Gattung *Pachistopelma* ist mit *P. concolor* in Guyana und mit *P. rufonigrum* in Brasilien vertreten. Es handelt sich um etwa 3 cm
lange Arten.

Nur sieben Spezies umfaßt die in Nord-
und Südamerika verbreitete Gattung *Tapi-
nauchenius*. *T. texensis* kommt in den USA
(Texas), *T. coerulescens* gleichfalls dort vor
(Indiana-Territorium). *T. latipes* ist eine Art
Venezuelas, während *T. sancti-vincentii* auf
der Insel St. Vincent lebt. *T. gigas* wurde aus
Französisch-Guayana beschrieben, und *T.
plumipes* (Foto 53) ist die einzige Art, die in
Surinam entdeckt wurde. Sie kommt auch
auf Trinidad und in Nordbrasilien vor. Die
Heimat von *T. grossus* ist nicht näher bekannt
(Südamerika).

Mit neun Arten ist die Gattung *Psalmopoeus* über Mittelamerika und den nördlichen
Teil Südamerikas verbreitet. Angehörige dieser Gattung wurden ziemlich häufig mit Bananen aus Ekuador und Kolumbien nach
Deutschland eingeschleppt. Es sind die einzigen Aviculariinen, die mittels eines Stridu-
lationsorgans Musik machen können. Ich
habe verschiedene Arten besessen, bei denen
die „Lyra" aus 10 bis 20 Stäbchen bestand.
Eine Art hatte an jedem Taster zwei solcher
Instrumente. Die oftmals zottigen Tiere wirken nicht nur harmlos und zutraulich, sie
sind es auch. Bei *P. plantaris* kann man vor
lauter langen Haaren den Körper kaum erkennen, vor allem, wenn die Spinne die dicht

behaarten Beine eng anlegt. Auffallend sind
die sehr großen Vordermittelaugen.

P. affinis lebt auf den Westindischen Inseln, *P. cambridgei* auf Trinidad. *P. reduncus*
(Abb. 192), eine Art, die jetzt häufiger angeboten wird, stammt aus Costa Rica. Aus Panama wurden *P. intermedius*, *P. pulcher* und *P.
rufus* beschrieben. Kolumbianische Arten
sind *P. emeraldus* und *P. plantaris*. Aus Ekuador kennt man *P. ecclesiasticus*, zu deutsch
„geistlicher Psalmendichter". Man sieht,
auch Arachnologen können Humor haben.
Größte, schönste und am häufigsten gehaltene Art ist der relativ kurzbehaarte *P. cambridgei* (Foto 54).

Im Erscheinungsbild und wohl auch in der
Lebensweise entsprechen die altweltlichen
Gattungen den neuweltlichen Aviculariinen.

Heteroscodra crassipes stammt aus Kamerun,
H. latithorax aus Zaire, und *H. maculata* ist eine Art Togos, die auch an der Goldküste gefunden wurde.

Mit acht Arten ist die Gattung *Stromatopelma* die umfangreichste der altweltlichen Echten Vogelspinnen. Schon seit 1793 ist *S. calceata*
aus Westafrika bekannt. *S. batesii* ist eine kon-
golesische Spezies. *S. brachypoda* wurde bei
Asaba am Niger entdeckt. *S. fumigata* und *S.
pachypoda* stammen aus Kamerun. *S. griseipes*
lebt in Westafrika und Sierra Leone. Die beiden Arten *S. satanas* und *S. straeleni* sind weitere Vertreter dieser Gattung in Zaire. Am häufigsten wird *S. griseipes* in Terrarien gepflegt.

Anmerkung: *Psalmopoeus* wird von RAVEN
zu den Selenocosmiinae, *Heteroscodra* und
Stromatopelma werden von ihm zu den Eumenophorinae gestellt.

Foto 48
Pamphobeteus roseus ♂
(Kolumbien, Brasilien)

Foto 49   *Lasiodora parahybana* ♂ (Brasilien)

Foto 50   *Rhechosticta spec. (chalcodes?*, USA)

Foto 51   *Chilobrachys samarae* (Philippinen)

Foto 52   *Rhechosticta dubium* (♂ mit Spermanetz), Brasilien

Foto 53
Thapinauchenius plumipes
(Surinam, Trinidad,
Nordbrasilien)

Foto 54
Psalmopoeus cambridgei
(Trinidad)

Foto 55
Theraphoseae spec.
(Brasilien)

4. Eumenophorinae

Durch Revisionen wurden einige der bei ROEWER noch als eigene Gattungen aufgeführten Gruppen anderen Gattungen zugeordnet. Deshalb befassen wir uns hier mit nur neun Gattungen, die sich alle um die artenreichen Genera *Hysterocrates* und *Phoneyusa* gruppieren. Es handelt sich um afrikanische, madagassische und arabische Arten. Nur wenige Vogelspinnen aus dieser Unterfamilie haben bislang den Weg in die deutschen Terrarien gefunden. Die Gesamtgruppe enthält 61 Arten, alles große bis sehr große Vogelspinnen.

Bestimmungsschlüssel
für die Gattungen der Eumenophorinae

1. Labium viel länger als breit, apikal leicht zugespitzt und abgerundet, länger als der halben Sternumlänge entspricht. Beine des 4. Paares viel dicker als die des 1. Paares. Patella und Tibia des 4. Paares deutlich länger als die des ersten Paares, sehr große Arten . . . . . . **Citharischius**
— Labium kaum länger als breit, meist breiter als lang, fast parallel, apikal abgestutzt, weniger als halb so lang wie das Sternum. Beine des 4. Paares nicht dicker als die des 1. Paares, oft dünner . . . 2
2. Coxen des 2. Beinpaares ohne Schaufel- oder Nagelborsten . . **Monocentropus**
— Coxen des 2. Beinpaares entweder mit Schaufel- oder Nagelborsten 3
3. Tibia III verdickt. Lange Nagelborsten (Spikes) nur an Coxa II und III. Hintere Sternalsigillen breitoval, viel weiter voneinander als vom Sternumrand entfernt. Thoraxgrube klein. Labium länger als breit, aber kürzer als die Hälfte des Sternums . . . . **Myostola**
— Tibia III nicht verdickt. Coxen I und II mit Schaufelborsten (Abb. 193) . . . 4
4. Scopulae der Tarsen des 4. Beinpaares durch Borstenbinde geteilt
. . . . **Eumenophorus**
— Alle Tarsalscopulae ungeteilt 5
5. Femora der Palpen retrolateral mit Haarbürste 6
— Femora der Palpen retrolateral ohne Haarbürste 8
6. Scopula beim Männchen auf das apikale Drittel des IV. Metatarsus beschränkt, Labium länger als breit, dann aber nicht kürzer als die Hälfte des Sternums oder breiter als lang. Thoraxgrube klein, breit und gerade (*P. celeripes, P. lesserti*) oder sehr procurv, halbmondförmig und groß. Hintere Sternalsigillen lang, schmal und schräg, in etwa gleicher Entfernung voneinander wie vom Sternumrand . . . . **Phoneyusa**
— Scopula in beiden Geschlechtern am Metatarsus des 4. Beinpaares bis zur Basis reichend oder beim Männchen nur bis zur Mitte des Gliedes vorhanden, selten auch beim Weibchen nur bis zur Mitte gehend 7
7. Tibia IV verdickt. Thoraxgrube klein und sehr procurv. Vorderaugen klein, untereinander fast gleich groß und im fast gleichen Abstand. Entfernung zwischen den Seitenaugen weiter als ein Augendurchmesser oder wenigstens nicht weniger. Hintere Sternalsigillen nicht weiter voneinander als vom Sternumrand entfernt. Patella + Tibia IV deutlich länger als Patella + Tibia I . . . . . **Hysterocrates**

– Tibia IV nicht verdickt. Thoraxgrube groß und breit, queroval. Vordermittelaugen größer als Seitenaugen und voneinander weiter als von den Seitenaugen entfernt. Abstand zwischen den Seitenaugen deutlich geringer als ein Seitenaugendurchmesser. Alle Metatarsen bis zur Basis dicht scopuliert. Scopula der Hinterbeine breiter als die Beinglieder. Hintere Sternalsigillen um ein Drittel mehr voneinander als vom Sternumrand entfernt. Patella + Tibia IV deutlich länger als Patella + Tibia I . . . . . **Loxomphalia**

8. Beine mit langen, locker stehenden, aufrechten Haaren. Labium nicht breiter als lang. Thoraxgrube klein. Vorderaugen in stark procurver Linie. Hintermittelaugen ziemlich groß, von den Vordermittelaugen und Hinterseitenaugen kaum getrennt. Labium bis fast zur Mitte mit dornenförmigen Zähnchen. Scopula an Metatarsus IV wenigstens bis zur Mitte des Gliedes vorhanden. Coxen und Trochanteren des 1. Beinpaares mit Stridulationsorgan . . . . **Encyocrates**

– Beinbehaarung dicht. Labium breiter als lang, apikal verschmälert und abgestutzt. Thoraxgrube groß. Hintere Sternalsigillen wie bei Phoneyusa. Beine des 4. Paares kurz. Patella + Tibia IV kürzer als Patella + Tibia I . . . . . . **Loxoptygus**

Citharischius crawshayi (Foto 31) ist in seiner Verbreitung noch nicht genügend erforscht. Sicher kommt die Art in Kenia, Tansania und Uganda vor. Diese schöne große Spezies wird vereinzelt auch in Deutschland gehalten. Eine westafrikanische Art dieser Gattung ist *C. stridulantissimus*.

Encyocrates raffrayi zählt zu den wenigen Arten dieser Unterfamilie, die auf Madagaskar leben. *E. crinitus* wurde in Kamerun entdeckt.

Eumenophorus clementsii wurde in Sierra Leone gesammelt.

Mit 23 Arten ist *Hysterocrates* (Abb. 193, 194) die wichtigste Gattung im tropischen Westafrika. *H. affinis, H. a. angusticeps, H. crassipes, H. gigas, H. greeffi, H. haasi, H. laticeps, H. minimus, H. ochraceus, H. o. congonus, H. robustus, H. r. sulcifer, H. spellenbergi* und *H. weileri* leben in Kamerun.

H. apostolicus stammt von der Insel São Tomé, ebenso die Arten *H. didymus* (Abb. 195) und *H. scepticus*. In Äquatorialguinea (Spanisch-Guinea) ist *H. gigas* gefunden worden, in Zaire leben *H. greshoffi* (Abb. 196) und *H. severini*. Vom oberen Niger kennt man *H. hercules*, neben *Citharischius crawshayi* die größte afrikanische Vogelspinne und aus Westafrika ohne nähere Bezeichnung *H. vosseleri*.

Loxomphalia rubida ist der einzige Vertreter dieser Unterfamilie auf Sansibar.

Die Gattung *Monocentropus* ist von Madagaskar bis zum Yemen verbreitet. *M. balfouri* bewohnt die Insel Socotra, *M. lambertoni* Madagaskar und *M. longimanus* kommt im Yemen vor.

Loxoptygus coturnatus, L. erlangeri und *L. ectypus* sind äthiopische Spezies.

Myostola gabonica und *M. occidentalis* stammen aus Gabun, letztere ist auch in Kamerun gefunden worden.

Die artenreichste Gattung der ganzen Unterfamilie ist *Phoneyusa. P. (Loxophobema) rutilata* wurde aus Guinea Bissau, dem ehemaligen Portugiesisch-Guinea beschrieben,

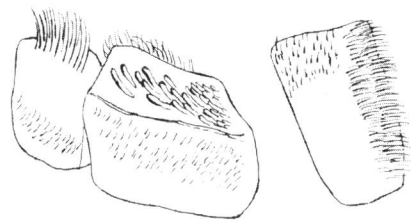

Abb. 193   *Hysterocrates,* Coxa und Trochanter
des 1. Beines mit Stridulationsorgan

Abb. 194   *Hysterocrates,* Coxa des Tasters von hinten

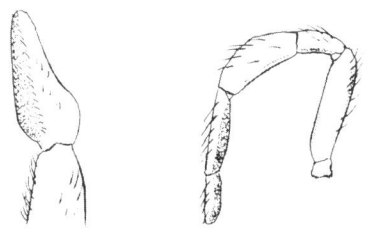

Abb. 195   *Hysterocrates didymus* ♀, Tastertarsus

Abb. 196   *Hysterocrates gresshoffi,*
4. Bein mit Scopula

P. umangiana lebt in Zaire. Weitere Arten aus dieser Gegend sind *P. antilope, P. bidentata,* die auch in Kamerun erbeutet wurde, *P. turiensis, P. cultridens, P. elephantiasis, P. giltayi, P. gracilipes, P. pococki.* Aus Zentralafrika bzw. aus der Zentralafrikanischen Republik stammen die beiden Arten *P. belandana* und *P. lesserti.*

Ostafrikanische Arten sind *P. bettoni, P. rufa* und *P. gregorii* (Massai-Land), *L. celeripes* aus Tansania (Tanganjika) und *P. lesserti* aus Rwanda. *P. mutica* ist über das Massai-Land und Südafrika verbreitet.

Auf Madagaskar lebt *P. bouvieri,* in Gabun *P. büttneri. P. chevalieri* kommt in Westafrika ohne nähere Angabe vor. Zwei Arten stammen von der Insel Principe: *P. manicata* und *P. principia.*

5. Selenocosmiinae

In dieser zweitgrößten Unterfamilie sind asiatische und australische Gattungen vereinigt. Die Gruppe der Selenocosmieae umfaßt zehn Gattungen mit asiatischen und australischen Arten, und die Gruppe der Poecilotherieae eine Gattung mit indischen und ceylonesischen Arten. Etliche sind mittel- bis sehr groß und attraktiv, und viele findet man heutzutage in Zoogeschäften angeboten, allerdings unter Phantasiebezeichnungen bzw. schlicht nach der Herkunft benannt, so daß in der überwiegenden Mehrzahl aller Fälle die Artbezeichnung von Vogelspinnen aus dem genannten Raum nicht feststeht. Um dem Vogelspinnenhalter die Bestimmung seiner Tiere wenigstens bis zur Gattung zu ermöglichen, sei wieder ein Bestimmungsschlüssel vorangestellt.

a) Selenocosmieae

**Bestimmungsschlüssel
für die Gattungen der Selenocosmieae**

1. Scopulae der Metatarsen der Hinterbeine ungeteilt und die Basis des Gliedes erreichend, Scopulae der Tarsen des 4. Beinpaares geteilt. Beine des 4. Paares länger und dicker als die des 1. Paares
   . . . . **Lyrognathus**

– Scopulae der Metatarsen der Hinterbeine geteilt und nur apikal am Metatarsus vorhanden 2

2. Thoraxgrube recurv . . **Selenostholus**

– Thoraxgrube mehr oder weniger procurv
   3

3. Coxen der Taster ohne Haarsaum innerhalb der Sutur, lyraförmiges Stridulationsorgan groß, aus zahlreichen kleinen in mehreren Reihen angeordneten Stäbchen bestehend 4

– Coxen der Taster mit Haarsaum innerhalb der Sutur, lyraförmiges Stridulationsorgan groß, aus langen Stäbchen in einer oder zwei Reihen bestehend. Stäbchen ungleich groß 7

4. Alle Scopulae der Tarsen geteilt. Tarsen der Hinterbeine mit kleiner 3. Klaue, sehr schwach entwickeltes Stridulationsorgan auf den Coxen der Taster, sehr kleine Arten (12–23 mm Körperlänge)
   . . . . **Phlogiellus**

– Nur Scopulae der Tarsen des 4. Beinpaares geteilt, Ausnahme: die größten Arten der Gattung *Selenocosmia* (z. B. *S. javanensis*). Alle Tarsen ohne untere 3. Klaue
   5

5. Beine des 4. Paares etwas kürzer und etwas dünner als die des 1. Paares, nicht mit besonderer Behaarung. Scopulae der Tarsen des 4. Beinpaares bei großen Arten ungeteilt, bei mittelgroßen undeutlich geteilt . . . . **Selenocosmia**

– Beine des 4. Paares länger und etwas dicker als die des 1. Paares, länger behaart. Scopulae der Tarsen des 4. Beinpaares durch dünne Borstenlinie geteilt
   6

6. Vorderaugen in gerader Reihe, Vorderseitenaugen kaum kleiner als Vordermittelaugen, Hinterseitenaugen groß. Thoraxgrube klein, schmäler als der Augenhügel
   . . . . **Coremiocnemis**

– Vorderaugen in recurver Reihe, Vorderseitenaugen doppelt so klein wie Vorder-

mittelaugen, hintere Seitenaugen klein. Thoraxgrube groß, breiter als der Augenhügel . . . . **Selenotypus**
7. Vorderaugenreihe schmaler als Hinteraugenreihe, Vorderaugen klein, voneinander weit getrennt, Vorderseitenaugen viel kleiner als Hinterseitenaugen. Beine im allgemeinen stachellos . . **Orphnaecus**
– Beide Augenreihen gleich breit. Vorderaugen groß, nur wenig voneinander getrennt, Vorderseitenaugen größer als Hinterseitenaugen. Beine an den Metatarsen apikal bestachelt . **Chilobrachys**

Die Gattung *Chilobrachys* enthält 21 Arten. In Burma kommen vor *C. andersonii,* der auch über Indien und Malakka verbreitet ist, *C. bicolor, C. brevipes, C. flavopilosus* (auch aus Indien bekannt, Abb. 197), *C. oculatus, C. pococki, C. sericeus, C. soricinus,* in China (?) lebt *C. tschankoensis.* Indische Arten sind *C. femoralis, C. fimbriatus* (West-Dekan), *C. fumosus, C. hardwickii, C. stridulans* (auch in Assam) und *C. thorelli.*

Aus Malakka stammt *C. annandalei,* aus Assam *C. assamensis,* aus Annam (Vietnam) *C. dyscolus,* aus Sri Lanka *C. nitelinus,* aus Thailand *C. paviei,* und auf den Philippinen lebt *C. samarae* (Foto 51).

Coremiocnemis cunicularius wurde auf der Insel Penang (Malaysia) entdeckt, während *C. validus* in Indien und Malakka sowie Singapur verbreitet ist. Sie wird auch als Braune Malaysia-Vogelspinne gehandelt.

Die Arten *Lyrognathus crotalus, L. pugnax* und *L. saltator* kommen in Indien vor.

Orphnaecus pellitus (Abb. 198, 199) kommt auf der Insel Luzon (Philippinen) vor.

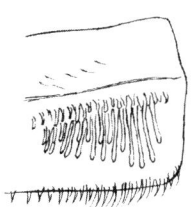

Abb. 197 *Chilobrachys flavopilosus,* Innenseite der Tastercoxa mit Stridulationsorgan

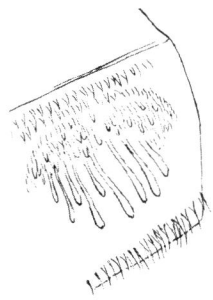

Abb. 198 *Orphnaecus pellitus,* Innenseite der Tastercoxa mit Stridulationsorgan

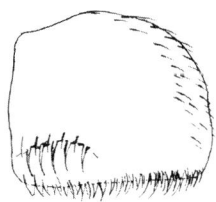

Abb. 199 *Orphnaecus pellitus,* Chelizere von außen mit Stachelreihe

Auf Java leben *Phlogiellus asper, P. atriceps* und *P. inermis* (Abb. 200), der auch noch auf Sumatra, Lombok, Sumbawa und in Malakka verbreitet ist. *P. insularis* und *P. mutus* stammen von Luzon (Philippinen), *P. ornatus* und *P. brevipes* aus Burma und *P. subinermis* aus Indochina. *P. subarmatus* ist eine Nikobarenart. Australisch-ozeanische Arten

101

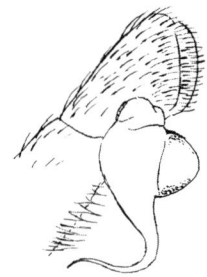

Abb. 200 *Phlogiellus inermis* ♂, Taster, Außenseite

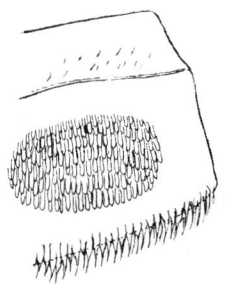

Abb. 201 *Selenocosmia javanensis*,
Tastercoxa, Innenseite

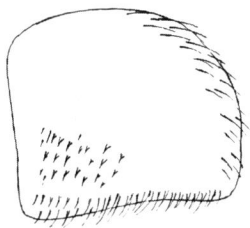

Abb. 202 *Selenocosmia javanensis*,
Chelizere von außen mit Dörnchenreihen

sind *P. bicolor* (Neu-Pommern), *P. lucubrans* (Neuguinea; Queensland, Australien) und *P. nebulosus* (Santa Cruz, Salomoninseln).

Selenostholus foelschei ist eine nordaustralische Spezies, *Selenotypus plumipes* eine Art, die in Queensland (Australien) verbreitet ist.

Die umfangreichste Gattung der ganzen Gruppe, ja der ganzen Unterfamilie, ist *Selenocosmia* (Foto 37). Auf Sumatra leben *S. deliana*, *S. hasselti*, *S. insignis*, *S. javanensis* (auch auf Java, Celebes, Simalur, in Malakka und auf den Nikobaren, Abb. 201, 202) und die Unterart *S. j. sumatrana* sowie *S. lyra*.

Halmahera ist Fundort für *S. effera*. In Burma kommen *S. fuliginea* und *S. orophila* vor. Aus dem Himalaya stammt *S. himalayana*. Die Molukken und/oder Neuguinea sind die Heimat von *S. hirtipes*, *S. strubelli* (auch auf Java) und *S. lanipes*. Sichere Neuguinea-Spezies sind *S. compta*, *S. crassipes* (auch in Australien verbreitet), *S. honesta*, *S. lanceolata*, *S. papuana*, *S. similis*, *S. strenua* (auch in Queensland, Australien), *S. valida*.

Borneo ist die Heimat von *S. imbellis* und *S. obscura*.

Auf der Insel Djampea bei Flores lebt *S. insulana*. Auf Java kommen vor *S. javanensis brachyplectra*, *S. j. dolichoplectra*, *S. j. fulva*, *S. j. raciborskii*. Indische Arten sind *S. kulluensis*, *S. pritami* (Panjab) und *S. sutherlandi*. Malakka birgt die Spezies *S. tahanensis*. Von den Aru-Inseln stammt *S. aruana*.

S. stalkeri und *S. stirlingi* kommen in Südaustralien vor, letztere auch in Westaustralien. Sie wird als „Singing Tarantula" bezeichnet. Auf Queensland beschränkt sind *S. subvulpina* und *S. vulpina*.

b) Poecilotherieae

Zu dieser Gruppe gehört nur die Gattung *Poecilotheria* mit zwölf Arten aus Indien und Sri Lanka. Es handelt sich um sehr große, attraktive Spinnen. In Sri Lanka leben *P. bara*, *P. fasciata* (Foto 17) (unter Baumrinde, auf Palmen und in den Häusern der Einheimischen), die auch in Indien vorkommt, *P. ornata*, *P. subfusca* und *P. uniformis*. Bei *P. vittata* ist noch nicht geklärt, ob sie in Sri Lanka oder Indien lebt oder in beiden Ländern vorkommt. Indische Arten sind *P. formosa*, *P. metallica*, *P. miranda* (Bengalen), *P. regalis*, *P. rufilata* (Travancore) und *P. striata* (Süd-Dekan).

Nach PINZ (briefl. Mitteilung) lassen sich inadulte Männchen und Weibchen dadurch unterscheiden, daß Weibchen an Femur I und II gelb, Männchen dagegen braun gefärbt sind. Weibchen haben an Femur III und IV einen weißen Ring, der den Männchen fehlt. Bei erwachsenen Männchen ist das weiße Zickzackband auf dem Abdomen kaum mehr zu sehen (Beobachtungen an *P. fasciata*).

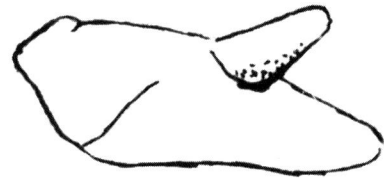

Abb. 203 *Ceratogyrus darlingii*, Cephalothorax von der Seite mit großem Horn, das sich über die Thoraxgrube erhebt.

6. Harpactirinae

Bestimmungsschlüssel für die Gattungen der Harpactirinae

Alle Vogelspinnen dieser Gruppe stammen aus dem Süden des Schwarzen Erdteils sowie aus dem tropischen Afrika.

1. Thoraxgrube groß, fast rund, darüber ein unterschiedlich geformtes Horn (Abb. 203) . . . . **Ceratogyrus**
– Thoraxgrube normal, quer, ohne Horn oder Hügel im Inneren 2
2. Chelizeren an der Innenseite mit einer Scopula aus Fiederhaaren, auch außen mit Scopula, nahe der Basis mit Borsten oder Stacheln, die in einer Reihe angeordnet sind. Coxen der Taster innerseits mit Stridulationsstäbchen. Letztes Glied der hinteren Spinnwarzen kürzer als das zweite (Abb. 204, 205) . . **Harpactira**
– Chelizeren-Scopula innen und außen ohne Stachelreihen. Keine Scopula aus Fiederhaaren an der Innenseite. Coxen der Taster ohne Stridulationsstäbchen. Letztes Glied der hinteren Spinnwarzen länger als das mittlere 3
3. Beine des 4. Paares viel länger als die des 1. Paares. Patella + Tibia IV deutlich länger als Patella + Tibia I. Tibia IV dick . . . . **Eucratoscelus**
– Beine des IV. Paares nicht viel länger als die des 1. Paares. Patella + Tibia IV nicht länger oder sogar etwas kürzer als Patella + Tibia I. Tibia IV zierlich, zylindrisch 4
4. Thoraxgrube fast gerade **Pterinochilus**
– Thoraxgrube sehr stark procurv . . . . **Coelogenium**

Ceratogyrus bechuanicus (Foto 38), *C. brachycephalus* und *C. darlingii* (Abb. 203) sind südafrikanische Arten. Die Kopulation der letztgenannten Art dauerte nur zwei Minuten (HALFPENNY) und erfolgte mit einem Taster. Bei der Paarung am nächsten Tag wurde der andere Taster benutzt, 44 Tage später legte das Weibchen Eier, aus denen nach weiteren 13 Tagen die Jungen schlüpften. Die zweite Spezies kommt auch im ehemaligen Portugiesisch-Ostafrika (Guinea Bissau) vor. *C. dolichocephalus* findet man in Simbabwe, *C. marshallii* im Mashonaland, *C. sanderi* in Südwestafrika und *C. schultzei* in der Kalahari.

Abb. 204 *Harpactira*, Chelizere von außen mit Stachelreihe und Scopula

Coelogenium pillansi wurde in Simbabwe gesammelt, *Eucratoscelus longiceps* in Ostafrika.

Südafrikanische Spezies sind *Harpactira atra*, *H. baviana*, *H. cafreriana*, *H. chrysogaster*, *H. dictator*, *H. guttata*, *H. hamiltoni*, *H. lineata* und *H. lyrata*. In Natal leben *H. curator* und *H. curvipes*, im Kapland *H. pulchripes*, *H. marksi* und *H. gigas*, letztere bewohnt auch Transvaal. Südwestafrika und Kapland sind die Heimat von *H. namaquensis* und *H. tigrina* (Abb. 204–207).

Größte Gattung dieser Gruppe ist *Pterinochilus* (Foto 32, 35). Vom Kilimandscharo stammen *P. affinis*, *P. carnivorus*, *P. sjöstedti* und *P. widenmanni*. Ostafrikanische Arten sind *P. alluaudi*, *P. constrictus*, *P. mammillatus*, *P. murinus* und *P. spinifer*. Südafrika ist die Heimat von *P. breveri*, *P. crassispina* (auch Südwestafrika), *P. junodi*, *P. lugardi*, *P. nigrofulvus*, *P. pluridentatus* und *P. schönlandi*. In Zentralafrika leben *P. hindei* und *P. meridionalis*. Aus dem Kongo stammt *P. simoni*, in Zaire wurden *P. mutus*, *P. obenbergeri* und *P. occidentalis* entdeckt, *P. raptor* bewohnt das Somaliland. *P. brunelli* stammt aus Äthiopien.

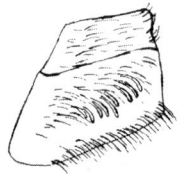

Abb. 205 *Harpactira*, Coxa des Tasters mit Stridulationsstäbchen an der Innenseite

Abb. 206 *Harpactira*, ein Stridulationsstäbchen (stark vergrößert)

Abb. 207 *Harpactira* ♂, Tibiaapophyse

7. Ornithoctoninae

In dieser Unterfamilie stehen sechs Gattungen. Alle hierher gehörenden Arten stammen aus dem tropischen Asien (Indien, Burma, Thailand, Indonesien, Malaysia).

Bestimmungsschlüssel
für die Gattungen der Ornithoctoninae

1. Beine des 4. Paares deutlich (bei erwachsenen Tieren um mindestens 4 mm) länger als die des 1. Paares 2
— Beine des 4. und 1. Paares gleichlang bzw. Beine des 4. Paares nur minimal (ca. 1 mm) länger oder sogar kürzer als die des 1. Paares 3
2. Tibia IV dicker als Femur IV, Tibia und Metatarsus IV bestachelt, Metatarsus IV basal etwas gekrümmt. Metatarsus IV zur Hälfte scopuliert, Metatarsus III zu zwei Drittel scopuliert. 4. Bein kräftiger als 1. Bein. Tibia und Metatarsus verdickt . . . . **Citharognathus**
— Femur IV dicker als Tibia IV. Tibia IV und Metatarsus IV bestachelt, Metatarsus III zu zwei Drittel scopuliert. 4. Bein nicht kräftiger als 1. Bein. Metatarsus I und Tibia I etwa gleich lang. Patella + Tibia I kürzer als Patella + Tibia IV. 4. Bein etwa 3 × so lang wie Carapax. Clypeus nicht so breit wie Länge des Mittelaugenvierecks. Vordermittel- und Vorderseitenaugen gleich groß. Augenhügel relativ niedrig, vorn und hinten flach abfallend, nicht vorn am höchsten. Carapax so lang wie Patella + Tibia I . . . . **Cyriopagopus** (teilweise)
3. Beine kurz und kräftig. Tibien der Vorder- und Hinterbeine weniger als 3 × so

lang wie breit 4
— Beine länger und dünner. Tibien der Vorder- und Hinterbeine 3 × länger als breit oder mehr als 3 × länger als breit . . 5
4. Clypeus so breit wie Länge des Augenfeldes. Carapax so lang wie Patella + Tibia + ¼ Metatarsus I. Augenhügel klein und hoch. Beine des 4. Paares minimal länger als die des 1. Paares oder ebenso lang wie die des 1. Paares. Beine schwach bestachelt. Bein II und III beim Männchen etwa gleich lang. Beim Weibchen ist II nur um die Hälfte seines Tarsus länger als III. Thoraxgrube breit und tief, fast gerade (Gegensatz zu *Haplopelma!*). 2 oder 3 Reihen von Stridulationsdörnchen unterhalb der Sutur (bei ein und demselben Exemplar rechts und links gelegentlich unterschiedlich ausgeprägt) der Tastercoxa prolateral. Am Ende der Coxa 5 lange gebogene Borsten (wie bei *Haplopelma*). Oberseits der Sutur bei *O. andersoni* auch noch 8-9 Dornen. Bulbus des männlichen Tasters im Embolusteil mit deutlichen Leisten . . . . . **Ornithoctonus**
— Clypeus nicht so breit wie Länge des Mittelaugentrapezes, Vordermittelaugen deutlich größer als Vorderseitenaugen. Augenfeld zweimal so breit wie lang. Beine des 1. Paares länger als die des 4. Paares. Beine des 2. Paares nur wenig kürzer als die des 4. Paares. Patella + Tibia I länger als Patella + Tibia IV . . . . **Cyriopagus dromeus**
5. Augenhügel klein, hoch, nahe dem Vorderrand des Carapax, kaum ¼ breiter als lang, vorn und hinten steil abfallend, am steilsten vorn. Seitenaugen um weniger als den kleinen Durchmesser eines Vor-

derseitenauges voneinander entfernt. Beine lang und dünn (Gegensatz zu *Cyriopagopus!*). Beim Weibchen sind I und IV gleich lang, beim Männchen lautet die Beinformel I, IV, II, III. Beim Männchen ist auch Bein II um seinen Tarsus länger als Bein III. Metatarsus I nur wenig kürzer als Tibia I, Metatarsus IV kürzer oder etwas länger als Tibia IV. Tibia und Metatarsus IV bestachelt. Scopula von Metatarsus I zum Apex hin verschmälert. Patella + Tibia III länger als Patella + Tibia I *(H. robustum, H. doriae)*. Patella + Tibia I oft kürzer als Carapax. Patella + Tibia IV etwas kürzer als Patella + Tibia I. Clypeus so breit wie Länge des Mittelaugentrapezes. Bulbus des männlichen Tasters im Embolusteil ohne deutliche Leisten. Thoraxgrube stark procurv . . . .
. . . . **Haplopelma**
– Augenhügel niedriger, wenigstens ein Drittel breiter als lang, vorn und hinten flach abfallend, in der Mitte oder hinten am höchsten 6
6. Sternum vorn sehr stark verschmälert, viel schmaler am Vorderrand als zwischen den Coxen des 3. Beinpaares. Carapax deutlich länger als breit. Beine I, IV, II, III oder IV, I, II, III. Bein I und IV fast gleich lang. 1. Beinpaar kräftiger als 4. Kopfteil niedrig, Augenhügel in der Mitte am höchsten. Clypeus so breit wie Länge des Mittelaugentrapezes. Thoraxgrube fast gerade . . **Phormingochilus**
– Sternum vorn nicht stark verschmälert, am Vorderrand nicht viel schmaler als zwischen den Coxen des 3. Beinpaares. Carapax fast rund, nur 1,1 – 1,3 mm länger als breit. Seitenaugen wenigstens um

den kleinen Durchmesser eines Vorderseitenauges entfernt. Clypeus nicht ganz so breit wie Länge des Mittelaugentrapezes. Beine I, IV, II, III oder I, II, IV, III. In letzterem Fall sind II und IV fast gleich lang *(L. violaceopedes)*. Beinpaar I am kräftigsten. Beim Männchen sind Patella + Tibia aller Beine länger als der Carapax. Patella + Tibia I sind länger als Patella + Tibia IV. Metatarsus des 1. Beinpaares wenigstens um ¼ kürzer als die Tibia. Scopula breit, zum Apex hin nicht verschmälert, parallel. Beine ± unbestachelt. Palpenfemur und -coxa retrolateral mit Bürste aus langen Haaren. Thoraxgrube klein, schmaler als der Augenhügel. Coxen der Taster prolateral unterhalb der Sutur mit 2 oder 2 ½ Längsreihen von etwa 10 bis 15 kurzen konischen Höckern oder Dornen. Außerdem direkt unterhalb der Sutur am Ende der Coxa 5 vorn zugespitzte kräftige Borsten, die etwas gekrümmt sind. Oberhalb der Sutur ein dickes Polster von längeren spitzen Haaren, in das 3 oder 4 Stacheln eingelassen sind. Das Muster dieser Stridulationsdornen kann bei der gleichen Art unterschiedlich ausgeprägt sein. Beine auch unterseits violett irisierend
. . . . **Lampropelma**

Citharognathus hosei wurde auf Borneo (Sarawak) gefangen.

Cyriopagopus paganus ist eine burmesische Spezies. *C. schiödtii* lebt auf der Insel Penang, *C. thorelli* auf der Halbinsel Malakka (Malaysia), *C. dromeus* auf den Philippinen.

Haplopelma doriae (Abb. 208) kommt auf

Borneo (Sarawak) vor, *H. robustum* in Singapur. Sie ist fast 7 cm lang.

Haplopelma albostriatum (Foto 36, Abb. 209 bis 212), eine große thailändisch-burmesische Spezies gehört zu den am häufigsten aus Ostasien importierten Arten und wird in Deutschland viel gehalten. Die Art ist durch einen schwarzen Längsstrich auf dem Abdomen gekennzeichnet. Manche Männchen werden nur 3,5 cm lang. *H. minax* (Foto 37), die „Schwarze Thaispinne", ist über Burma, Thailand und Malakka verbreitet, während *H. salangensis* von der Insel Linnuan (Thailand) stammt. Die meisten *Haplopelma*-Arten werden 4 bis 4,5 cm lang. Bei *H. minax* ist der Augenhügel etwas weiter vom Carapaxrand entfernt als bei *H. albostriatum*.

Lampropelma nigerrimum stammt von der Insel Sangir bei Sulawesi (= Celebes), *L. violaceopedes* von der Halbinsel Malakka (Bur-

ma, Thailand, Malaysia, Singapur). Letztere wird als „Blaue Burmaspinne" viel importiert (Foto 20).

Ornithoctonus andersoni ist eine weitere burmesische Vogelspinne. *O. gadgili* stammt aus Indien und Burma. Als „Blaue Burmaspinne" bezeichnete Tiere gehören teilweise auch zur Gattung *Ornithoctonus*, Foto 47) teilweise zu *Haplopelma*.

Phormingochilus everettii und *P. tigrinus* sind auf Borneo beheimatet, *P. fuchsi* lebt auf Sumatra.

▶ Anmerkung: Die Gattungen *Cyriopagopus* und *Haplopelma* sind aufgrund der vorliegenden Schlüssel nicht zu trennen, da die aufgeführten Merkmalskombinationen nicht auf alle Arten zutreffen. Die Braune Thaispinne (Foto 29) ist eine *Cyriopagopus*-Art. GRAVELY betrachtet *Haplopelma* (= *Melopoeus*) als Synonym von *Cyriopagopus*.

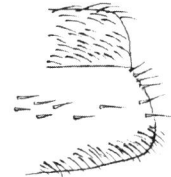

Abb. 208   *Haplopelma doriae* ♀,
Innenseite der Tastercoxa mit Dornen

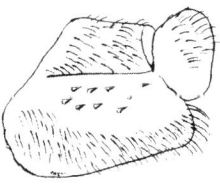

Abb. 210   *Haplopelma albostriatum*,
Innenseite der Tastercoxa mit Dornen

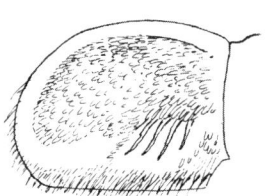

Abb. 209   *Haplopelma albostriatum*, Chelizere
von außen mit Stridulationsstäbchen

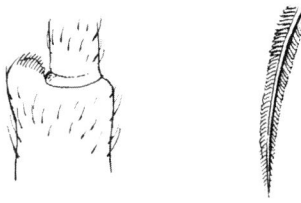

Abb. 211   *Haplopelma albostriatum* ♂, Tibiaapophyse

Abb. 212   *Haplopelma*, stäbchenförmiges Haar
(stark vergrößert)

8. Thrigmopoeinae

Die acht Arten dieser Gruppe stammen ausschließlich aus Indien.

Die Gattung *Annandaliella* umfaßt die Arten *A. pectinifera* und *A. travancorica.* Sie wird von RAVEN zu den Selenocosmiinae gestellt. Kennzeichen: Scopula des Tarsus II durch Borstenreihe geteilt. Embolus apikal fadenförmig. Tibia I des Männchens ohne Fortsatz. Chelizeren prolateral mit Keulenborsten.

Bei der Gattung *Haploclastus* sind die Dornen an den Coxen der Taster mehr oder weniger ungeordnet. Die Chelizeren tragen außen an der Basis gekrümmte Keulenborsten. Die Beine sind im allgemeinen unbesta-chelt. *H. cervinus,* eine 3 cm lange Art mit einer Vorderbeinlänge von 39 mm kommt in Südindien (Dekan) im Kodeikanelgebirge vor. *H. kayi* und *H. nilgirinus* stammen aus Süd-Dekan. In Indien ohne nähere Fundortangabe ist auch *H. tenebrosus* verbreitet *H. himalayaensis* ist eine Hochgebirgsform.

Bei der Gattung *Thrigmopoeus* sind die Dornen an den Coxen der Taster oberhalb der Sutur ungeordnet, unterhalb derselben aber bilden sie eine schmale und gebogene Binde. Die Chelizeren tragen außen an der Basis kurze, aufrecht stehende Borsten. Die Metatarsen der Hinterbeine sind apikal mit kleinen Stacheln versehen. *T. insignis* wurde aus West-Dekan beschrieben, *T. trunculentus* stammt aus Dekan.

Der Mensch und die Vogelspinnen

Das letzte Kapitel dieses Buches ist leider kein sehr erfreuliches, denn was der Mensch den Vogelspinnen antut, ist nicht zu rechtfertigen. Ein eigenes Erlebnis in Sri Lanka dürfte dabei kein Sonderfall sein. Eine Vogelspinne war am Badestrand des Hotels gesichtet worden. Wie ein Lauffeuer hatte sich dieses Ereignis unter den Gästen herumgesprochen. In der Hoffnung, ein Foto zu machen, war auch ich an den Strand geeilt. Doch es war schon zu spät. Die stattliche Vogelspinne lag zertreten am Meeresufer, ein Opfer des Aberglaubens, des Ekels vor Spinnen und der Mißachtung des Lebens. Vielleicht kam sich ihr Mörder sogar als Held vor, der die Badegäste vor dem sicheren Tode bewahrt hatte, fürwahr, eine „heroische Tat" im Interesse der Allgemeinheit.

Daß gerade die Vogelspinnen Zielscheibe menschlicher Vernichtungswut wurden, verdanken sie nicht zuletzt auch amerikanischen Horrorfilmen (einer davon hieß „Tarantula"). Besonders makaber war ein anderer amerikanischer Film, in dem eine der schönsten Vogelspinnenarten, *Euathlus smithi*, zu Tausenden zur Befriedigung der Sensationslust des Publikums vernichtet wurde. Und angebliche Urwaldforscher berichten immer wieder einmal über riesige Monstren, denen sie in der grünen Hölle begegnet sind, Vogelspinnen von einem Meter und mehr Länge, gräßlichen Mutationen, die vielleicht eines Tages die Menschheit überfallen werden.

Naturvölker sehen die Vogelspinnen in einem ganz anderen Licht. In Bali z. B. ist eine Vogelspinnenart sogar heilig. Überall, wo man sie antrifft, wird der Platz gefegt und mit einem Zaun umgeben, die Wohnhöhle des Tieres wird überdacht und das Umzäunte zur Kultstätte erhoben. Die Spinne bekommt statt Wasser Palmwein zu trinken und wird vom dortigen Medizinmann über die Genesungsaussichten Erkrankter befragt, indem man ein Stäbchen, mit dem der Kranke zuvor berührt wurde, über den Eingang der Vogelspinnen-Wohnröhre legt. Je nachdem, wie die Spinne, die dort als Gott verehrt wird, das Hölzchen behandelt, entscheidet sich das Schicksal des Erkrankten, das der Medizinmann dann aufgrund des Spinnenorakels verkündet.

Über das Verhältnis der Indianerkinder zu Vogelspinnen wurde schon berichtet. Daß offenbar auch die Indianerfrauen Spinnen nicht verabscheuen, ersieht man daraus, daß sie schon vor Jahrhunderten, in präkolumbischer Zeit, Vogelspinnen aus Gold als Schmuck über der Brust trugen (Abb. 213). Unsere Abbildung zeigt so ein „Schmuckstück" aus Costa Rica, zu bewundern im Berliner Völkerkundemuseum. Man geht sicherlich nicht fehl in der Annahme, daß die Form dieser Goldarbeiten in gewisser Weise standardisiert war. Denn auch bei ähnlichen Arbeiten wurde das gleiche Motiv leicht variiert verwendet. Erstaunlich gut ist die Form des Vogelspinnenkörpers wiedergege-

Abb. 213 Indianischer Goldschmuck aus Costa Rica, präkolumbisch

ben. Man erkennt die beinartigen Taster, sieht den Augenhügel und bemerkt, daß die nach unten eingeschlagenen Chelizeren keineswegs überbetont sind, ganz im Gegenteil: so dünne Chelizeren hat keine Vogelspinne. Vielleicht kann man das als verläßliches Zeichen dafür werten, daß sich die Indianer vor der Eroberung Amerikas durch die Spanier keineswegs vor Vogelspinnen fürchteten.

In Europa wurden Vogelspinnen erstmals durch den deutschen Forscher MARCGRAVE (auch Marckgrave geschrieben) bekannt, der 1646 Körperbau und Lebensweise dieser Tiere aufgrund von Beobachtungen an einer gefangengehaltenen brasilianischen Art beschrieb, und Sybille MERIAN, die 1699 Surinam bereist hatte, stellt auf ihrer berühmten Zeichnung eine Vogelspinne über einem getöteten Vogel hockend vorbildlich dar. Der englische Forscher und Reiseschriftsteller BATES berichtete 1863, daß die Vogelspinne — er hatte ebenso wie Frau MERIAN eine *Avicularia*-Art vor sich — „Speichel" ausschwitzt. Er sah also, wie eine Vogelspinne enzymhaltigen Magensaft für die extraorale Verdauung anwendete. Andere Forscher schrieben, daß Indianer Vogelspinnengift für ihre Giftpfeile benutzten.

Im 18. Jahrhundert wurden nur wenige Vogelspinnen beschrieben. Zwei davon tragen noch immer ihre damaligen Namen.

Das 19. Jahrhundert war die Blütezeit der Vogelspinnenforschung, 292 Arten kamen damals hinzu. Jeder Vogelspinnenfreund wird früher oder später einmal Namen wie SIMON, KOCH, KEYSERLING, PICKARD-CAMBRIDGE, WALCKENAER, POCOCK und THORELL begegnen, und sei es auch nur bei den wissenschaftlichen Namen der Vogelspinnen. Der größte Teil der uns heute geläufigen Gattungsnamen wurde damals aufgestellt.

Im 20. Jahrhundert waren es neben SIMON vor allem POCOCK, STRAND, CHAMBERLIN, MELLO-LEITAO, BÜCHERL, VALERIO sowie GERSCHMAN und SCHIAPELLI, denen wir die Kenntnis vieler Arten und ihrer Lebensweise verdanken. Jedoch nur 18 oder 19 Gattungen kamen in diesem Jahrhundert hinzu.

Über die Vogelspinnengifte arbeiteten seit 1925 BRAZIL und VELLARD und seit Mitte dieses Jahrhunderts BÜCHERL und BOHN.

Vogelspinnen sind in unserer Zeit zu Heimtieren geworden. Vor allem schön gefärbte und gezeichnete, große sowie anatomisch auffallend gestaltete Arten sind sehr beliebt, z. B. *Crypsidromus zebratus, Rhechosticta seemanni, R. chalcodes, R. anax, „Rhechosticta" saltator, Euathlus smithi, E. vagans, E. mesomelas, E. emilia, E. albopilosus, Grammostola spatulata, G. actaeon, G. mollicoma, G. pulchripes, Sphaerobothria hoffmanni, Phrixotrichus roseus, Phormictopus cancerides, Acanthoscurria atrox, Lasiodora klugii, L. parahybana, Eupalaestrus tenuitarsus, Pamphobeteus antinous, P. roseus, Megaphobema robusta, Xenesthis monstrosus, Theraphosa leblondi, Mygalarachne commune, M. generala, Citharacanthus crinirufus, Ephebopus murinus, Avicularia avicularia, A. metallica, Iridopelma hirsuta, Psalmopoeus cambridgei, P. plantaris, P. reduncus, Tapinauchenius coerulescens, Stromatopelma griseipes, Hysterocrates hercules, Citharischius crawshayi, Chilobrachys samarae, Coremiocnemis validus, Selenocosmia javanensis, Ceratogyrus darlingii, Pterinochilus murinus, Poecilotheria fasciata, Haplopelma albostriatum, H. minax, Lampropelma violaceopedes, Ornithoctonus-* und *Cyriopagopus*-Arten.

Aber *E. smithi* unterliegt dem Washingtoner Artenschutzabkommen, und aus Australien und anderen Ländern wird nichts mehr exportiert. Daher gewinnt die Nachzucht der Vogelspinnen immer mehr an Bedeutung. Möge die Beschäftigung mit ihnen dazu beitragen, daß immer mehr Menschen nicht nur diese stattlichen Riesen unter den Spinnen, sondern die Spinnen allgemein unbefangener betrachten.

Fachwortregister

Abdomen: Hinterleib (= Opisthosoma)

apikal: an der Spitze (des Gliedes)

Apophyse: Fortsatz

basal: an der Basis (des Gliedes)

Bulbus: birnenförmiger Anhang des Endglieds des männlichen Tasters, in dem der Samenschlauch verläuft

Carapax: oberer Teil des Cephalothorax, Kopf-Brust-Platte

Cephalothorax: Kopfbruststück (= Prosoma)

Chelizeren: 1. Gliedmaßenpaar der Spinnentiere, bei Spinnen zweigliedrig (Grundglied und einschlagbare Klaue)

Chemorezeptoren: Sinnesorgane zur Wahrnehmung chemischer Reize

chemotaktische Organe: Organe zur Wahrnehmung chemischer Reize durch Berührung (Spinnen „schmecken" mit Endgliedern der Taster und Beine)

Clypeus: Raum zwischen Vorderaugen und unterem Stirnrand des Cephalothorax

Coxa: Hüfte, 1. Glied der Beine und Taster

Coxaldrüsen: Drüsen, die an den Coxen der Beine nach außen münden

cribellat: mit Siebplatte zur Erzeugung von Kräuselfäden mittels des Calamistrums (Borstenkamm am Metatarsus)

Cymbium: Schiffchen, oberer Teil des Tastertarsus beim reifen Männchen

distal: s. apikal

Embolus: „Eindringer", Ende des Samenschlauchs des reifen Männchens am Bulbus

Epigastralfurche: Querfurche auf der Unterseite des Hinterleibs, in der Mitte mündet die Geschlechtsöffnung und seitlich davon liegen die Öffnungen der Fächerlungen.

Exuvialflüssigkeit: Enzymhaltige Flüssigkeit, die bei der Häutung abgeschieden wird, um die innere alte Haut von innen her aufzulösen. Die äußere alte Haut, die dann abgeworfen wird, wird durch diese Flüssigkeit nicht angegriffen.

Exuvie: Abgeworfene Haut, kann bei einer 80 g schweren Vogelspinne bis zu 2 g wiegen

Femur: 3. Glied der Beine und Taster

Geschlechtspheromone: Wirkstoffe, die von geschlechtsreifen Individuen nach außen abgegeben werden und von anderen Individuen, vor allem des anderen Geschlechts, wahrgenommen werden und das Finden der Geschlechter bei der Paarung erleichtern

Hämocyanin: kupferhaltiges Atmungspigment in der Hämolymphe

Hämolymphe: Körperflüssigkeit der Gliederfüßer, „Blut"

Insertion: Einführen, z. B. des männlichen Begattungsorgans in die Geschlechtsöffnung des Weibchens

Kopulation: geschlechtliche Vereinigung

Labium: Unterlippe

Letaldosis: Dosis einer Substanz, die zum Tode führt

Malpighische Gefäße: Ausscheidungsorgane, die in den Enddarm bzw. die Kloake münden, Darmausstülpungen

Maxillipalpen: Taster, 2. Gliedmaßenpaar der Spinnentiere, bei den Vogelspinnen beinartig. Ihre Endglieder sind bei reifen Männchen zu Begattungsorganen umgebildet

Metatarsus: 6. Beinglied

Nephrozyten: Speichernierenzellen im Cephalothorax

orthognath: Spinnen, bei denen die Chelizeren horizontal stehen und annähernd parallel zu einander arbeiten

Ovar: Eierstock

Patella: 4. Glied der Beine und Taster

Petiolus: Verbindung zwischen Cephalothorax und Abdomen

procurv: nach vorn gebogen

prolateral: Position an den Gliedmaßen: vorn seitlich (wenn z. B. das Bein rechtwinklig abgespreizt betrachtet wird)

propriorezeptiv: Eigenreize wahrnehmend, z. B. Position der Gliedmaßengelenke

Receptacula seminis: Organe zur Aufbewahrung des Spermas, Teile der weiblichen Geschlechtsorgane

recurv: nach hinten gebogen

retrolateral: Position an den Gliedmaßen: hinten seitlich (wenn z. B. das Bein rechtwinklig abgespreizt betrachtet wird)

Scopula: dichte Haarbüschel

Scutum: Schild, z. B. Chitinplatte auf dem Rücken des Abdomens

Sigillen: siegelartige unbehaarte Eindrücke, z. B. am Sternum

Spermagewebe: Gewebe, auf dem das reife Männchen seine Geschlechtsprodukte absetzt

Sternum: Brustschild auf der Unterseite des Cephalothorax

Stigma: Atemöffnung

Stridulation: Erzeugung von Lauten und Geräuschen durch Bewegung bestimmter Körperteile, bei Vogelspinnen durch Schaben von Streichzapfen an besonderen Stäbchen oder Borsten. Die Stridulationsorgane liegen an Chelizeren und Maxillipalpen oder Maxillipalpen und 1. Beinpaar

Sutur: Naht

Tarsus: Fußglied der Beine und Taster

Tibia: 5. Glied der Beine und Taster

Trochanter: 2. Glied der Beine und Taster

Literaturverzeichnis

BAERG, W.: The Tarantula, University of Kansas Press, Lawrance 1958

BONNET, P.: Bibliographia Araneorum, Toulouse 1945 – 1962

BRIGNOLI, P.: A Catalogue of the Araneae, Manchester University Press 1983

BROWNING, J.: Tarantulas, T. F. H. Publications, Neptune 1981

BÜCHERL, W.: Instintos maternais nas aranhas brasileiras, Dusenia II (6) (1952): 57

– Südamerikanische Spinnen und ihre Gifte, Arzneim.-Forsch. 6 (1956): 293

– Sobre a importancia dos bulbos copuladores e das apofises tibais dos machos na sistematica das aranhas caranguereiras, Anais da Academia Brasileira de Ciencias 29, 3 (1958): 377

– Südamerik. Vogelspinnen, A. Ziemsen Verlag, Wittenberg-Lutherstadt, 1962

– Spiders, in: Venomous animals and their venoms 3, Academic Press, New York – London, 1971

BUHLE, M.: Vivaristik u. Paragraphen, Hottonia-Post 3/1985: 14

CELERIER, M.: Elevage d'un mygale: Scodra griseipes, Actas X Congreso int. de Aracnologia I (1986): 56

COOKE, J. et al.: The urticating hairs of Theraphosid Spiders, Amer. Mus. Novit. 2498 (1972): 1

COMSTOCK, J.: The Spider Book, Comstock Press, Ithaka 1948

FOELIX, R.: Biologie der Spinnen, Thieme Verlag, Stuttgart, 1979

GERSCHMAN, B. u. R. SCHIAPELLI: Contribucion al conociemento de Theraphosa leblondi, Mem. Inst. Butantan Simp. Internac. 33, 3 (1966): 667

– El genero homoeomma, Physis B. Aires 31 (1972): 237

– La Subfamilia Ischnocolinae. Revta Mus. Arg. Cienc. nat. B. Rivadavia (Ent.) 4 (1973): 43

GERTSCH, W. J.: American Spiders, 2. Aufl., Nostrand Reinhold Ltd., New York 1979

GERTSCH, W. J.: The troglobiotic Mygalomorphs of the Americas, Assoc. Mexican Cave Stud. Bull. 8 (1982): 79

JAHN, J.: Lebendfutter für Aquarien- u. Terrarientiere sowie Vögel, Albrecht Philler Verlag Minden, 1980

KASTON, B.: How to know the Spiders, W. C. Brown Co., Dubuque, Iowa, 1978

KEYSERLING, E.: Die Arachniden Australiens, 1871–1890

– Die Spinnen Amerikas, Nürnberg, 1880–1893

KRAUS, O.: Spinnen aus El Salvador, Abh. senkenb. naturf. Ges. 493 (1955): 1

KRISTEK, L.: Gibt es Hybridation bei den Theraphosidae? XI. Europäischer Arachnol. Coll. Berlin, 1988

LUCAS, S.: Descricâo de gênero e espécie novos da Subfamilia Theraphorinae, Mem. Inst. Butantan 44/45 (1980/81): 157

LUND, M.: All about Tarantulas, T. F. H. Publications, Neptune 1977

MAIN, B.: Spiders of Australia, Jacaranda Press, Brisbane, 1967

MASCORD, R.: Australian Spiders in Colour, Reed, Sydney, 1970

MELCHERS, M.: Zur Biologie der Vogelspinnen, Z. Morph. Ökol. Tiere **53** (1964): 517

MELLO-LEITAO, M.: Theraphosidae do Brasil, Rev. Mus. Paulista **13** (1923): 1–438

— Catalogo das Aranhas da Colombia, Anais da Acad. Brasil. de Ciencias **13** (1941): 233

MURPHY, F.: Keeping Spiders, Insects and other Land Invertebrates, Bartholomew, 1980

PERRERO, L. u. L. PERRERO: Tarantulas in nature and as pets, Windward, Miami, 1979

PETRUNKEVITCH, A.: Systema Aranearum, Trans. Connect. Ac. Sci. 29 (1928): 1

PICKARD-CAMBRIDGE, O.: Arachnida. Araneidea I, in: Biologia Centrali-Americana, London, 1889–1902

PICKARD-CAMBRIDGE, F.: Arachnida-Araneidea and Opiliones II, in: Biologia Centrali-Americana, London, 1897–1905

POCOCK, R. I.: Fauna of British India, 1900

PULZ, R.: Diskontinuierliche Transpiration einer Vogelspinne, Mitt. dtsch. Ges. allg. angew. Ent. **4** (1985): 358

— Temperaturbedingte Sekretion bei Vogelspinnen, Verh., Dtsch. Zool. Ges. **78** (1985): 324

— Der Temperatursinn von Vogelspinnen, Kiel, 1985

— Temperature-related Behaviour and Temperature Perception in Spiders: Review of present Knowledge, Biona-report **4** (1986): 41

— et al.: Temperaturperzeption bei Vogelspinnen, Verh., Dtsch. Zool. Ges. **77** (1984): 320

— u. R. SCHULZ: Phormictopus sp. in its natural Habitat in Haiti, Actas X Congr. Int. Aracnol. Jaca/España **I** (1986): 282

RAVEN, R.: The Spider Infraorder Mygalomorphae (Araneae): Cladistics and Systematics, Bull. Amer. Mus. Nat. Hist. **182**,1 (1985): 1–180

ROEWER, C. Fr.: Katalog der Araneae I, Bremen, 1942

SCHIAPELLI, R. u. B. GERSCHMAN: Las especies del genero Grammostola Simon en la Republica Argentina, Actas Trab. Congr. S. amer. Zool. I **3** (1960): 199

— Los generos chilenos Phrixotrichus y Paraphysa en la Argentina, Revta Soc. ent. argent. **26** (1963): 103

— El genero Acanthoscurria en la Argentina, Physis B. Aires **24** (1964): 391

— Estudio sistematico comparativo de los genero Theraphosa, Lasiodora y Sericopelma, Atas Simp. Biota Amazon. (Zool.) **5** (1967): 481

— El genero Ceropelma. . ., Physis B. Aires **30** (1970): 225

— Genero Cyriocosmus, Physis B. Aires **32** (1973): 61

— Las Arañas de la Subfamilia Theraphosinae, Revta. Mus. Arg. Cienc. nat. B. Rivadavia (Ent.) V.10 (1979): 287

SCHMIDT, G.: Spinnenpflege im Terrarium, DATZ **12** (1952): 269

— Über die Bedeutung der mit Schiffsladungen eingeschleppten Spinnentiere, Anz. f. Schädlingskunde **26** (1952): 97

Literaturverzeichnis

- Zur Herkunftsbestimmung von Bananenimporten nach dem Besatz an Spinnen, Z. angew. Entomologie **36** (1954): 400
- Bananenstauden, eine Fundgrube für Zoologen, Orion **10** (1955): 303
- Vogelspinnen und ihre Gifte, Orion **13** (1958): 545
- Vogelspinnen im Terrarium, DATZ **12** (1959): 89
- Bananenspinnen und ihre Bedeutung für die Hygiene, Städtehygiene **10** (1959): 199
- Die Spinnenfauna der importierten Bananen, Deutsches Ärzteblatt **67** (1970): 3106
- Mit Bananen eingeschleppte Spinnen, Zool. Beiträge **17** (1971): 387
- Giftspinnen − auch ein Problem des Ferntourismus, Münch. med. Wschr. **115** (1973): 2237
- Vogelspinnen im Darmstädter Vivarium, Vivarium Darmstadt Informationen 2/ 1973: 7
- Spinnen − Lebensweise, Haltung und Zucht, Albrecht Philler Verlag, Minden 1980, 1984

- Skorpione und andere Spinnentiere, Albrecht Philler Verlag, Minden 1984
- Giftspinnen und ihre Gifte, Tierärztl. Prax. **13** (1985): 255
- Wie gefährlich sind Spinnenbißvergiftungen wirklich? Natur und Museum **117**, 7 (1987): 197
- Wie gefährlich sind Vogelspinnenbisse? Dt. Ärzteblatt **85**, 28/29 (1988): A-2088-2089

SCHULTZ, S.: The Tarantula Keeper's Guide, The Book Centre, Hoddeston, 1985

SCHWENDINGER, P.: Zur Biologie orthognather Spinnen in Nordthailand, XI. Europäisches Arachnol. Coll. Berlin, 1988

SIMON, E.: Histoire Naturelle des Araignées, 2. Aufl., Paris, 1892−1903

SIMON, E.: Arachnides de la famille des Aviculariidae, Ann. Soc. Ent. Fr. **61** (1892): 271

SMITH, A.: The Tarantula Classification and Identification Guide, Fitzgerald Publishing, London, 1986

THORELL, T.: Spiders of Burma, 1895

- Ragni Malesi e Papuani, Ann. Mus. Civ. Genova **10**, **13**, **17**, **25**, **28**, **30**, **31**, **37** 1877−1892

WORKMAN: Malaysian Spiders, 1896

Zeitschrift

„Entomologische Zeitschrift"
  mit Insektenbörse, vereinigt mit
  Entomologische Rundschau
  Reimar Hobbing Verlag,
  Postfach 10 16 07, 4300 Essen 1

Register
nach wissenschaftlichen Namen

Register nach wissenschaftlichen Namen

Register nach deutschen Namen